Horcht! Die Schritte des Propheten Muhammad ﷺ.

一部爲穆斯林而寫的先知傳記（二）

聆聽
先知穆罕默德
的跫音

願主福安之

前往麥地那

Mariem Dhouib

麥爾彥・杜艾伊伯——著　林謂妤——譯

If you don’t know him then follow his footstep now!

如果你不認識他，那麼現在就跟隨他的腳步吧！

——盧米（Rumi）

目　錄

前　言

◇《古蘭經》第 21 章（眾先知）107 節

وَمَا أَرْسَلْنَاكَ إِلَّا رَحْمَةً لِّلْعَالَمِينَ

「我派遣你，只為憐憫全世界的人。」

◇《古蘭經》第 33 章（同盟軍）21 節

لَقَدْ كَانَ لَكُمْ فِي رَسُولِ اللَّهِ أُسْوَةٌ حَسَنَةٌ لِّمَن
كَانَ يَرْجُو اللَّهَ وَالْيَوْمَ الْآخِرَ وَذَكَرَ اللَّهَ كَثِيرًا

「希望真主和末日，並且多多記念真主者，你們有使者可以作為他們的優良模範。」

◇「穆聖 ﷺ 說：你們中沒有一人的信仰能達到全美直到他愛我勝過於他的父親、他的孩子和全人類。」布哈里聖訓集、穆司林聖訓集共同收錄。

✧願將此書獻給

1. 穆聖（願主福安之）

他是那一輪明月，為我們照亮了世界的黑暗

他是那一把鑰匙，為我們開啟了今世的幸福與後世的救贖

他是最好的導師，為我們帶來了正信與方針

他是最好的榜樣，團結眾人，引領我們獲得真主的滿意而到達天堂

2. 聖門弟子們（願主喜悅他們）

他們為我們記下了穆聖（願主福安之）的生平、言行，

並將它傳承給我們

3. 我的父母（願主慈憫他們）

4. 我敬愛的學者老師們（願主慈憫他們）

學者穆罕默德・阿布・夏赫巴博士

（Šayḫ Dr. Muhammad Abū Šahbah）

學者穆罕默德・沙意德・賴買丹・阿爾・布提

（ŠayḫMuḥammad Ṣa‘īd Ramaḍān al-Būṭī）

是他們教會了我如何去愛穆聖（願主福安之）

5. 我的四姊 Mounira（願主慈憫她）

「長姊如母」！是她，在我失去母親之後以愛心與溫暖照亮了我的生命，將我撫養長大。她熱切地期待這本書印刷、出版的那一刻，以便穆聖（願主福安之）的光能照亮更多的人。

6. 本書譯者阿伊莎林謂好與 Hawa 李國辰姊妹的父親們（願主慈憫他們）

在此特別感謝李國辰姊妹在校正的工作中為本書提供了非常大的支持與幫助。

✧研讀穆聖傳的重要

穆聖傳（*Sīrah*）是一本充滿吉慶的書，首先我們得先了解如何去定義 Sīrah？它是一個阿拉伯文的名稱。它出自於 Sāra 這個字，動詞的意思是指行走；走向一個目標或目的地。而它的名詞是形容一個人的性格；他 ﷺ 的為人處事；他 ﷺ 的一生。在伊斯蘭教中，Sīrah 專指的是穆聖 ﷺ 的生平。在這個傳記中我們學習研究的不僅是在他 ﷺ 生命中所發生的歷史，而是對他 ﷺ 整個人從出生到歸真，在不同的事件中無論是身處劣勢或優勢他 ﷺ 如何行動如何處理？以他 ﷺ 的品格無論在平時或戰時、私下或公開，在對家人或同伴，甚或是對敵人及異教徒時，他 ﷺ 如何應對？

研究穆聖傳對我們穆斯林來說尤其重要。這其中有許多重要的理由，包括我們為什麼需要學習穆聖傳？真主 ﷻ 在《古蘭經》中說：「確實！你們有使者可以作為你們的優良楷模。」真主 ﷻ 要求我們以穆聖 ﷺ 為榜樣要我們去追隨他。而我們絕不可能在對他 ﷺ 不認識、不了解的情況下去效仿他 ﷺ。真主 ﷻ 形容穆聖 ﷺ：「你的品格是優異的。」我們每一位信士都希望自己能擁有美好的品格並且能不斷地改進。穆聖 ﷺ 是人類之中最出類拔萃的人，連造物主都在《古蘭經》多處的經文中讚賞他的優異。他是個優秀的榜樣，真主 ﷻ 要求我們向他 ﷺ 學習，所以我們應該努力的從穆聖傳中研究他 ﷺ 的人格品性。既然我們有一個實際的好榜樣，那麼就得為學習仿效而努力，使它不成為一種空談、一種理論。

那麼我們要如何才能達到這個目標呢？真主 ﷻ 在《古蘭經》第 3 章〈儀姆蘭的家屬〉第 31 節中說道：你說：「如果你們喜愛真主，就當順從我；（你們順從我），真主就喜愛你們，就赦宥你們的罪過。真主是至赦的，是至慈的。」(*)

也就是說我們追隨穆聖 ﷺ 是對真主 ﷻ 一種敬愛的表現，如果我們敬愛真主 ﷻ 就必須追隨穆聖 ﷺ，如果我們追隨了他 ﷺ 就表達了我們對真主 ﷻ 的愛，而其結果是真主 ﷻ 愛我們，愛我們所有人並寬恕我們的罪過。這不就是我們所追求的嗎？

真主 ﷻ 接著在第 3 章第 32 節中說道：你說：「你們當服從真主和使者。」

追隨真主 ﷻ、追隨使者和順從真主 ﷻ、順從使者，真主 ﷻ 將我們對他的順從和對使者的順從直接連繫在一起。這又是一個為什麼我們必須更進一步認識穆聖 ﷺ 的原因。

穆聖 ﷺ 在一個重要的聖訓中告訴我們：「你們之中沒有一個人是信士，直到他愛我勝過他的父親、他的孩子、勝過所有人類包括他自己。」這裡指的是達到全美的信仰。我們在這裡不應當誤以為自己若是做不到愛穆聖 ﷺ 勝過自己的父親、孩子包括他自己的程度那麼自己就不是信士了，錯了！這裡指的是信仰還沒有到達完整、全美的境界。

穆聖 ﷺ 有一天在街上遇見了大賢歐瑪爾，穆聖 ﷺ 問他：「歐瑪爾你好嗎？」（穆聖 ﷺ 問的是他信仰的狀態）歐瑪爾回答穆聖ﷺ說：「真主的使者啊！我愛你勝過我的父親、我的孩子、勝過我的財產，唯一沒勝過我自己。」穆聖ﷺ不滿意歐瑪爾的答案，因為歐瑪爾的信仰還沒有達到全美的狀態，他應當更努力些。他ﷺ告訴歐瑪爾：「噢！歐瑪爾你還沒做到。」當下歐瑪爾馬上理解了穆聖ﷺ的話，他立刻使自己超越他之前的狀態，並回答穆聖ﷺ說：「真主的使者啊！我愛你勝過我的父親、我的孩子、勝過我的財產，勝過所有人類包括我自己。」穆聖ﷺ這一回滿意了歐瑪爾的答覆，他ﷺ對歐瑪爾說：「噢！歐瑪爾現在你已達到了全美。」

所以如果我們也希望自己也能達到全美的階級那麼就得學習更深層地認識穆聖ﷺ。

聖妻阿依莎（‘Ayša）曾說道：「聖人穆罕默德ﷺ是一個活著並在大地上行走的《古蘭經》！」意思是《古蘭經》是真主ﷻ的話語；它是理論、原理；是真主ﷻ對人們的講演。而穆聖ﷺ是範例，他ﷺ體現了《古蘭經》，以完美的方式去實踐它，好讓人們理解並效仿，所以他ﷺ是在大地上行走的《古蘭經》。我們也希望能夠實踐《古蘭經》，希望將《古蘭經》靈活地運用在我們的生活中。那麼就必須透過學習穆聖ﷺ這個美好的榜樣、《古蘭經》的範例讓我們也能獲得真主賜給我們的幸福。

為什麼必須學習穆聖傳的另一個原因，或許有某些穆斯林的群體正生活在受壓迫或不公平對待的社會中。它可能是在家庭中、社區內、城市或國家裡，甚或是世界上的任何一個地方。或許他們正在徬徨或失去希望，不知何去何從，那麼他們必須在穆聖傳中看看穆聖ﷺ與聖門弟子們的例子。穆聖ﷺ在接受啟示後的十三年裡直到遷徙前，他ﷺ和聖門弟子們都曾受到古萊氏的非信徒們非常大的迫害。研究了穆聖傳就學習到在這些情況下該如何應對？如何忍耐？因為穆聖ﷺ和聖門弟子們為我們做出了榜樣。我們必須學習在真主ﷻ的道路上忍耐、懂得犧牲、堅定信念、請求真主使我們容易，把希望寄託在真主ﷻ那裡而且永遠不要對真主ﷻ失去希望、失去信心，期待真主ﷻ的祥助與成功終將到來，時光飛逝今世中所有的事都有盡頭。穆聖ﷺ在麥加生活時在他的周遭有很多是崇拜偶像的古萊氏人；而當他ﷺ到了麥地那時那裡有基督教徒、猶太教徒，另外還有一些崇拜偶像的人。穆聖ﷺ的例子教導了我們與其他有著不同信仰的人們生活在一起時該如何應對進退。當年穆聖ﷺ遷徙到麥地那，他ﷺ著手蓋清真寺，將遷士與輔士締結為兄弟，緊接著制定了一部憲法，其中一部分就是處理與猶太人來往的問題。他公開地承認猶太人為一共同體。這是第一回猶太人被其他信仰族群所承認。

在這裡穆聖傳又教會了我們，倘若身處困難的考驗當中，無論這個考驗是身體上、精神上或物質上如生病、孤獨、飢餓、貧困或被壓迫，所有的困境、所有的問題一定會有終結或迎刃而解的時候。唯有真主ﷻ的存在是永恆，其他的一切都會結束。儘管很多時候人們感到絕望，覺得看不到生機，但對一個信士而言他對真主ﷻ寄予強烈希望，唯有真主ﷻ可以在短短的時間內翻轉整個逆境，他只需要說「有」他就有了！

穆聖ﷺ教導了我們當受到欺壓或是受到不公平的待遇時，更甚至是與敵人在戰場上相對峙時，我們都絕不採取報復的行為。「報復」這兩個字對穆聖ﷺ來說是不存在的，他的原則是仁慈，他不懂得報復。相反地，他所努力的目標是為人們求改善、治癒他們的心靈使他們走向正道。

他ﷺ對待他的敵人仁慈，他ﷺ不以其人之道還治其人之身，他ﷺ只期望給予別人好的，期望他們能獲得正道、獲得天堂、獲得與真主ﷻ的連繫與他ﷻ的喜悅。這些都是我們能從穆聖傳中學習到的，所以學習它是何等重要！

1.

聖門弟子第一次遷徙至阿貝細尼亞

從穆聖 ﷺ 開始宣教直到遷徙至麥地那歸真為止，我們可以將歷史分為兩個階段來看，第一階段是停留在麥加直到遷徙前的十三年，第二階段是遷徙後在麥地那的十年。

在麥加的那段時期聖門弟子們飽受欺凌，他們不斷地遭受毒打、跟蹤、欺壓和迫害。穆聖 ﷺ 既無法阻止這些暴行，也無法保護他們。於是他 ﷺ 告訴聖門弟子們：「你們可以遷徙到阿貝細尼亞（Abessinien）[1] 去，那是一個講真理的國度，他們有個公正的國王，在他的統治下不允許有不公平的事情發生。留在那裡直到真主 ﷻ 給你們的處境一個出路。阿貝細尼亞國王與他的子民都是基督教徒。」聽了穆聖 ﷺ 的這一番建議，聖門弟子們於

1　現今的衣索比亞。

是決定遷徙至阿貝細尼亞，這是聖門弟子們在伊斯蘭歷史上的第一次遷徙。[2]

遷徙至阿貝細尼亞的時間是在啟示後第五年的七月。在這次遷徙的聖門弟子們中有穆聖 ﷺ 當時的女婿歐斯曼・本・阿范恩（‘Uṯmān Ibn ‘Affān）和他的女兒盧蓋雅（Ruqayyah）。當穆聖 ﷺ 知道自己的女兒和女婿歐斯曼・本・阿范恩要舉家遷徙時，他為他們祈禱，祈求真主 ﷻ 伴隨他們。

在這次遷徙的聖門弟子們中還有以下幾位：

- 阿布・胡冉依發・本・烏特巴・本・拉必阿（Abū Ḥuḏayfah Ibn ‘Utbah Ibn Rabī‘ah）和他的妻子沙賀拉・本特・蘇海爾・本・阿莫爾（Sahlah Bint Suhayl Ibn ‘Amr）和他的兒子穆罕默德・本・阿比・胡冉依發（Muḥammad Ibn Abī Ḥuḏayfah）
- 阿茲・祖貝爾・本・阿爾・阿旺姆（az-Zubayr Ibn al-‘Awwām）
- 穆薩伯・本・烏麥爾（Mus‘ab Ibn ‘Umayr）
- 阿布得・阿爾・拉赫曼・本・阿武夫（‘Abd ar-Raḥmān Ibn ‘Awf）

2　本段歷史引述自學者阿布・夏赫巴的傳述。他認為聖門弟子總共遷徙至阿貝尼西兩次，而學者布提則支持一次的說法。

- 阿布·沙拉瑪·阿爾·馬賀祖米（Abū Salamah al-Maḫzūmī）和他的妻子烏姆·沙拉瑪（Umm Salamah）
- 歐斯曼·本·馬如恩（‘Uṯmān Ibn Maẓ‘ūn）
- 阿莫爾·本·拉必阿（‘Amr Ibn Rabī‘ah）和他的妻子雷依拉·本特·阿比·哈司馬（Layla Bint Abī Ḥaṯmah）
- 蘇海爾·本·貝惹阿（Suhayl Ibn Bayḍā’）

阿布·沙布拉·本·阿比·拉賀姆（Abū Sabrah Ibn Abī Rahm）〔或有的傳述是寫阿布·哈惕伯·本·阿莫爾（Abū Ḥāṭib Ibn ‘Amr）也同行〕；此外，另有一些傳述中甚至提到阿布·沙布拉·本·阿比·拉賀姆的妻子烏姆·古爾舒姆·本特·撒賀爾（Umm Kulṯūm Bint Sahl）也在這次遷徙的名單中。依據上述的名單來看總共有十位聖門男弟子和四或五位女弟子同行。他們先徒步走到海邊，再用半個迪那爾（Dīnār）[3]雇用船隻到達海的對岸。當古萊氏的非信徒聞風趕來想要將這些人帶回麥加時，卻錯過了時機，於是聖門弟子們安然地到達了阿貝細尼亞。古萊氏的非信徒們趕緊派了阿莫爾·本·阿爾阿司（‘Amr Ibn al-‘Āṣ）、阿瑪拉·本·阿爾·瓦力得·本·阿爾·姆宜拉（‘Ammārah Ibn al-Walīd Ibn al-Murġīrah）這兩人前往並帶著許多的珍貴禮物準備獻給阿貝細尼亞國王，希望能和他談判並將聖門弟子們交給他們帶回麥加。

3　為當時的貨幣單位。

繼聖門弟子的遷徙重大事件發生之後，緊接著又發生了一個非常重要的事件。那就是歐瑪爾．本．阿爾．哈塔伯（‘Umar Ibn al-Ḫaṭṭāb）進入了伊斯蘭教。這兩個事件重挫了古萊氏的非信徒們的銳氣。

2.

歐瑪爾的入教

歐瑪爾・本・阿爾・哈塔伯（此段簡稱歐瑪爾）的父親是阿爾・哈塔伯，母親罕塔瑪（Ḥanṭamah）是希珊・本・阿爾・姆宜拉（Hišām Ibn al-Muġīrah）的女兒。罕塔瑪和阿布・折害是堂兄妹關係。歐瑪爾在入教前，對於聖門弟子的態度非常惡劣。他經常壓迫他們並且施以暴力、酷刑或污辱他們。儘管如此，穆聖ﷺ還是期望著有一天歐瑪爾和阿布・折害這兩人能成為穆斯林。歐瑪爾性格剛強，若是能加入聖門弟子的陣容，一定會對伊斯蘭的宣教有極大的幫助，一來可為當時正處於劣勢的聖門弟子們打上一劑強心針；再則更可以挫挫麥加的非信徒們的銳氣，這對他們可是沉重的打擊。歐瑪爾和阿布・折害這兩人正是古萊氏人中反對伊斯蘭的呼聲最為激烈的人之一。所以穆聖ﷺ經常為他們祈禱，希望至少其中的一人能接受伊斯蘭。聖訓中提到穆聖ﷺ祈禱說：「噢！安拉ﷻ！求你榮耀伊斯蘭！並賜予兩個歐瑪爾以支援伊斯蘭！」（阿布・折害的別名也叫歐瑪爾。）

鐵爾密濟聖訓集中則傳述到，穆聖ﷺ祈禱說：「噢！安拉ﷻ！求你使歐瑪爾或阿布·折害進入伊斯蘭，以強化伊斯蘭。」歐瑪爾在當時外表上看來是反對伊斯蘭，但是事實上信仰的幼苗已悄悄地在他心裡滋長，只不過他自己還沒有意識到罷了。本·伊司哈葛傳述道：聖門弟子阿莫爾·本·拉必阿（‘Amr Ibn Rabī‘ah）和他的妻子正外出為遷徙準備一些東西，歐瑪爾正好走過他們的身邊。阿莫爾的妻子說：「平常他要是看到我們，對我們是絕對少不了傷害，」可是這回當歐瑪爾看他們準備舉家遷徙時居然關心地問道：「噢！阿布都拉的母親啊！你們要離開麥加了嗎？」阿莫爾的妻子點點頭回答說：「我們再也無法承受迫害了，所以決定離開麥加，等待真主ﷻ賜給我們一個出路。」聽到阿莫爾的妻子這一番話後，歐瑪爾居然反常為他們祈禱說：「願真主ﷻ在你們左右隨時保護你們。」阿莫爾的妻子感受到歐瑪爾話裡的一絲細膩的感傷，這與平常暴力相向的他迥然不同，她從歐瑪爾的臉上讀出了傷感。阿莫爾的妻子事後告訴她的先生說：「噢！阿布都拉的父親啊！你應該看看歐瑪爾臉上的表情，他居然因為我們的離開感到難過！」阿莫爾反問妻子說：「妳該不會是期望他會接受伊斯蘭吧？」阿莫爾的妻子點頭默許，承認阿莫爾猜對了她的想法。阿莫爾嗤之以鼻的說：「驢子成為穆斯林倒有可能，但是歐瑪爾是不可能的！」這句話道出了阿莫爾的心聲，顯現他心中對歐瑪爾之前施加於穆斯林的種種暴力與壓迫的忿恨與不平；他無法想像這樣一個反對伊斯蘭教的人，他固執僵硬的心會即將被伊斯蘭所軟化而順服。

伊瑪目艾哈默德傳述歐瑪爾自述道：「未接受伊斯蘭前，有一回我到天房前找穆罕默德ﷺ，當時我站在他的身後，他正誦讀《古蘭經》69 章真災章。我被穆聖ﷺ所唸的經文內容給震懾住。」

《古蘭經》69 章：40-42 節：

「這確是尊貴的使者的言辭；（*）並不是詩人的言辭，你們很少信仰，（*）也不是某個巫師的話，你們卻很少參悟。」（§ 馬金鵬譯本，本文以下以 § 表示馬金鵬譯《古蘭經》本）

另一回歐瑪爾想到天房前與他的朋友們碰面，天房前竟無一人，他想那麼他去找酒販子暢飲一番吧！不巧酒販子也不在。於是他走到天房前繞行著，他發現穆聖ﷺ正禮著拜，為了觀察他，那一夜歐瑪爾悄悄地躲在天房的布幔下偷聽穆聖ﷺ誦讀《古蘭經》。當他聽到《古蘭經》優美的詞句時，他那固執僵硬的心卸防了，他的眼睛開始止不住的流淚。他說：「伊斯蘭融化了我的心。」那夜歐瑪爾在布幔下待到穆聖ﷺ起身離開後他才出來。

歐瑪爾未公開接受伊斯蘭之前，他的妹妹法蒂瑪・本特・阿爾・哈塔伯（Fāṭimah Bint al-Ḫaṭṭāb）和妹婿沙意得・本・熱伊得・本・阿莫爾・本・努發易爾（Sa'īd Ibn Zayd Ibn 'Amr Ibn Nufayl）早已成為穆斯林，他們對歐瑪爾和其他人隱瞞了他們的身分。哈巴伯・本・阿爾・阿拉特（Ḫabbāb Ibn al-Aratt）經常到他們家中來教導他們讀《古蘭經》。

有一天歐瑪爾身上帶著劍、怒氣沖沖地四處打聽穆罕默德ﷺ所在，他威脅要殺了穆罕默德ﷺ，他聽說穆聖ﷺ正在撒發山丘附近的一間房子內（就是穆聖ﷺ教導聖門弟子的地方——阿爾．阿爾告姆之屋〔al-Arqam〕，也是第一個伊斯蘭聚會中心）。就在歐瑪爾怒氣沖沖往阿爾．阿爾告姆之屋走去時，他在路上遇見了努阿宜姆．本．阿布帝拉．安那漢姆（Nu‘aym Ibn ‘Abdillāh an-Naḥḥām，此段簡稱努阿宜姆），努阿宜姆那時已入教，不過為了安全起見隱藏了自己穆斯林的身分，努阿宜姆見歐瑪爾殺氣沖沖地便問他要去哪兒？歐瑪爾說：「我要去找穆罕默德ﷺ，他污辱我們古萊氏祖先流傳的信仰，我要殺了他！」努阿宜姆說：「你想阿布得．曼那夫部落（Banū ‘Abd Manāf）的人不會先殺了你嗎？你還是先去看看你自己的家人吧！看看他們正在做些什麼？你的妹妹與妹婿都成了穆斯林了！」努阿宜姆說這番話的用意是想引開歐瑪爾以保住穆聖ﷺ的安全。果真當歐瑪爾聽到他的妹妹與妹婿都成了穆斯林的消息時，他頓時感到無比的震驚，他馬上轉身往妹妹法蒂瑪家走去，當他走近法蒂瑪家時，他聽見有人在屋內誦讀《古蘭經》的聲音，哈巴伯．本．阿爾．阿拉特正唸著帶來的幾張〈塔哈章〉的經文，他們當時正在聚精會神地學習，並沒有察覺到歐瑪爾的來到。當他們發現歐瑪爾已在門口時，哈巴伯急忙躲了起來，而法蒂瑪則是將〈塔哈章〉的經文藏在身上，歐瑪爾衝進屋便問唸經的是誰？法蒂瑪和她的丈夫都緊張地否認，歐瑪爾告訴他們，他清楚地聽到有人在屋裡唸《古蘭經》，並且他已聽說他們兩人都已接受伊斯蘭教，說時便揮拳毆打了妹婿沙意得，法蒂瑪想阻擋哥哥不讓他繼續毆打自己的丈夫，沒想到歐瑪爾也毫不留情地打傷了她，直到她滿臉鮮血。他們兩人此時異口同聲地承認了自己穆斯林的身分。他們說：「是的！我們是穆斯林。你要怎麼樣隨便你好了！」當歐瑪爾看著被自己打傷的法蒂瑪，她的臉受著傷流著血，卻仍然勇敢地承認自己是穆斯林身分的時候，她那種為伊斯蘭而無所畏懼的精神震撼了他，他的心裡開始為自己的莽撞和不公平的暴力行為感到後悔。

在這一刻真主 ﷻ 軟化了他的心，並賜福和帶領著他走向伊斯蘭的正道。歐瑪爾漸漸地冷靜下來，他放下了他的憤怒與仇恨。他要求法蒂瑪讓他看看[4]經文。但是法蒂瑪不願意將經文交給他，因為她怕歐瑪爾會毀壞它，歐瑪爾向她保證他不過是想看看，並且保證一定會將經文還給她。其實法蒂瑪心裡非常渴望自己的哥哥能成為穆斯林，她直言告訴歐瑪爾因為他的身體不潔淨，不能碰觸《古蘭經》，所以無法將經文交在他手上。法蒂瑪告訴他，他必須先洗淨全身。歐瑪爾果真按照妹妹所說的去做，之後法蒂瑪才將經文交給他。歐瑪爾讀著《古蘭經》裡〈塔哈章〉20 章 1-5 節的內容：

4　歐瑪爾是少數聖門弟子中既能讀又能寫的人。

「塔哈。我降《古蘭經》給你，不為使你辛苦，卻為教誨敬畏者，是降自創造大地和穹蒼者的。至仁主已升上寶座了。」(*)

當他繼續唸至《古蘭經》20 章：14 節：

「我確是真主ﷻ，除我外，絕無應受崇拜者。你應當崇拜我，當為紀念我而謹守拜功。」(*)時，他讚嘆著說：「這是多麼優美的文字啊！萬物無主唯有真主ﷻ！」

當哈巴伯．本．阿爾．阿拉特一聽此言便走了出來。他敘述著自己昨天還聽見穆聖ﷺ祈禱著說希望兩個歐瑪爾其中一人能成為穆斯林，其中指的一個就是你，另一個則是阿布．折害。哈巴伯接著說：「我希望你就是那個歐瑪爾。」

歐瑪爾聽後轉身想去找穆聖ﷺ並作證接受伊斯蘭，當時他身上佩帶著劍前往穆聖ﷺ所在，穆聖ﷺ身邊有四十位聖門弟子在場。歐瑪爾在屋前喊著示意要前來找穆聖ﷺ，聖門弟子從門上的小洞看到歐瑪爾是佩帶著劍而來，於是緊張地通知了穆聖ﷺ，穆聖ﷺ的伯父哈姆薩說道：「開門讓他進來吧！倘若他是為善意而來那麼我們就如他所願，若是不懷好意那麼我們就用他的劍了結了他！」穆聖ﷺ讓他們為歐瑪爾開門，同時他也起身走向歐瑪爾。穆聖ﷺ擁抱歐瑪爾，並抓緊他的衣領用力地搖晃著他，這使得一向在麥加城以孔武有力而聞名的歐瑪爾頓時全身發著抖坐了下來，並說出了清真言。（在另外一個傳述中敘述到歐瑪爾甚至跪了下來。）這時穆聖ﷺ開口說：「噢！阿爾．

哈塔伯的兒子啊！你來這裡有何用意呢？」歐瑪爾回答說：「真主ﷻ的使者啊！我來就是為了發誓，作證我相信真主ﷻ與他使者，相信他的使者所說的所有的話。」聽了歐瑪爾的這一席令人振奮的話，穆聖ﷺ高興的喊著：「Allāhu Akbar! Allāhu Akbar!」（真主至大！真主至大！）穆聖ﷺ此刻用他的精神力量戰勝了歐瑪爾身體的力量。

當聖門弟子們聽見穆聖ﷺ如此興奮地喊著「真主至大！真主至大！」時，他們知道歐瑪爾入教了！他們全體都情不自禁高聲地喊著「真主至大！真主至大！」曾經是嚴重威脅反對伊斯蘭，並且壓迫拷打聖門弟子的敵人，如今和他們是同一信仰陣線上的弟兄了！他們喜悅的心加上高昂的情緒如同沸騰的浪潮，聖門弟子們喊著「真主至大！真主至大！」的聲音響徹雲霄，震撼了整個麥加城，歐瑪爾的入教無非是給古萊氏的非信徒迎面一個重重的打擊。歐瑪爾問穆聖ﷺ：「我們不是站在真理的一方嗎？」穆聖ﷺ回答說：「當然！我以真主ﷻ之名起誓不管我們是生是死，我們都站在真理的一方。」歐瑪爾反問：「既然我們是真理而他們是錯誤的，那麼為何我們要藏匿我們的信仰呢？」穆聖ﷺ回答說：「因為我們是少數，而且你也看見了我們所經歷之事。」歐瑪爾說：「我以用真理派遣你而來的真主ﷻ之尊名起誓！我會讓麥加城裡沒有一個群體不知道我的信仰。」之後穆聖ﷺ特賜給歐瑪爾一個別名「al-Farūq」，意思是「劃分界線者」。其意義為真主ﷻ藉由他的例子清楚劃分了真理與錯誤。

之後，所有的聖門弟子們以兩列的對伍離開阿爾．阿爾告姆之屋，站在行列之首的就是穆聖ﷺ的伯父哈姆薩和歐瑪爾。當聖門弟子們走到天房時，所有古萊氏的人都驚訝地看著他們。古萊氏人的眼神裡既是震撼又是哀傷，這兩位曾是他們之中最得力的人，如今卻都守護在穆罕默德ﷺ的身邊，成為捍衛伊斯蘭教正道的人。

歐瑪爾成為穆斯林是伊斯蘭教的一件重要的大事，因為有歐瑪爾的加入，穆斯林的陣容更加強大、更具影響力。現在要是穆斯林到天房來禮拜或繞行都不用再害怕了。阿布都拉．本．馬司悟得（‘Abdullāh Ibn Mas‘ūd）傳述說：「歐瑪爾的入教使我們贏得了受尊敬的局勢。由於他的入教，真主ﷻ使我們容易了許多。他的遷徙是一種勝利，他的領導[5]是仁慈，在他未進入伊斯蘭之前我們甚至不敢在天房前禮拜。」

歐瑪爾想要實現他的承諾，他思前想後誰是古萊氏中反對穆聖ﷺ最為激烈的敵人呢？這個人非阿布．折害莫屬。於是他走到阿布．折害的家門口敲門，阿布．折害出來應門。阿布．折害說：「歡迎啊！我的侄子，你來有什麼事呢？」

歐瑪爾回答說：「我來是要告訴你，我相信真主ﷻ與他的使者穆罕默德ﷺ，和他所帶來的消息。」聽完歐瑪爾的作證詞後，阿布．折害忿恨地將門關上並詛咒他說：「求真主ﷻ使你

5　是指他將來當穆斯林的領導者哈里發時。

和你為他前來的人醜陋！」

阿布·折害欲使歐瑪爾難堪，但這並沒有使歐瑪爾絲毫卻步，歐瑪爾承諾穆聖ﷺ他將踏遍所有他當初還是個非信徒時所屬的社交圈子，讓他們都知道他已經是穆斯林。他知道沒人敢對他動手。因為古萊氏的人都怕他，他早料想到肯定會有損失，但是這個損失並非武力上的損失。歐瑪爾在他的腦裡思考著誰能將他已經成為穆斯林的消息迅速地傳播出去呢？他想起了古萊氏人嘉米爾·本·麻阿麻爾·阿爾·鳩麻西（Ǧamīl Ibn Maʻmar al-Ǧumaḥī），這個人平常消息最靈通。於是他決定去找他，他身後還跟著自己的兒子阿布都拉·本·歐瑪爾（ʻAbdullāh Ibn ʻUmar）。

歐瑪爾對嘉米爾說：「嘉米爾！你聽說了嗎！我已經是穆斯林了。」阿布都拉·本·歐瑪爾回憶當時的情況，他說：「我以真主ﷻ之名起誓，嘉米爾不發一語的站了起來，並且走開。」歐瑪爾和兒子阿布都拉緊隨在後。他們都到達了天房外，嘉米爾拉開嗓門喊著：「古萊氏的人啊！歐瑪爾確已迷失。」（嘉米爾的意思是指歐瑪爾成為穆斯林之事）；歐瑪爾緊接著說：「他騙人！我沒有迷失。我作證除了安拉ﷻ以外再無有主，穆罕默德ﷺ是他的使者！」

歐瑪爾此話一出，所有古萊氏的人都奔向他並且開始毆打他，歐瑪爾也不甘示弱地回拳。當他們雙方打得筋疲力盡後，歐瑪爾站了起來並且示意他們要怎麼樣都隨他們了。

古萊氏的非信徒們將歐瑪爾的家團團圍住，他們決定殺了歐瑪爾；氣氛相當危急。正當歐瑪爾擔心之際，阿爾・阿司・本・瓦伊爾・阿司沙賀米（al-'Āṣ Ibn Wā'il as-Sahmī）（此段簡稱阿爾・阿司）來找他並問他到底怎麼回事？歐瑪爾回答道：「因為我接受了伊斯蘭，你的族人要殺了我。」阿爾・阿司說：「沒有人動得了你，從現在起你在我的保護之下。」阿爾・阿司說完便走了出來。他看見屋外人群攢動，山谷裡密密麻麻地擠滿了人。阿爾・阿司問眾人要做什麼？他們說：「這個歐瑪爾迷失了，我們要抓他。」阿爾・阿司說：「你們不准動他，因為從現在起他歸我保護了。」此話一出人們才慢慢散去。

在當時的阿拉伯半島這種保護制度非常盛行，阿爾・阿司的真誠解圍讓歐瑪爾感動不已。

3.

古萊氏立下禁令

古萊氏立下禁令，這個禁令是專門為了抵制穆斯林而設的。當古萊氏的非信徒眼看著穆斯林的數目與日俱增範圍不斷擴大，一些重要人物都相繼宣佈接受了伊斯蘭教；再加上阿貝細尼亞的國王挺身而出為穆斯林提供庇護，所以古萊氏的非信徒一致決定必須殺掉穆罕默德ﷺ。這才是斬草除根的方式。這個消息傳至穆聖ﷺ的伯父阿布・塔力伯那裡，他馬上召集了整個哈希姆家族的人，阿布・塔力伯要求族人不管發生什麼事他們必須保護自己的族人──穆罕默德ﷺ。雖然阿布・塔力伯自己與族人們並非穆斯林，但是他們一致贊同保護穆罕默德ﷺ，而唯一一個拒絕的便是一直與穆聖ﷺ持敵對立場的伯父阿布・拉賀伯。

古萊氏的人眼見穆罕默德ﷺ被整個哈希姆家族保護著，這使古萊氏的非信徒們再做出一個決定，就是寫出一個禁令來反對並且制裁哈希姆家族的人，那就是禁止與其家族相互通婚、買賣，並且不接受任何和平的協議。這個禁令會維持到他們交出穆

罕默德 ﷺ 讓古萊氏殺掉他為止。古萊氏的非信徒們將這份禁令掛在天房上。當時的時間為啟示後第七年的一月一日。當時穆聖 ﷺ 做了都阿以，來反對當時寫下禁令的人，而那隻寫下禁令的手之後便也癱瘓了。

之後二至三年的時間裡，所有哈希姆家族的人都被迫離開他們的家並且只能留在他們自己的田地裡。其他部落中有人十分同情他們，秘密地與他們連繫，他們中例如有聖妻哈蒂佳的侄子哈金．本．西讓姆（Ḥakīm Ibn Ḥizām，此段簡稱哈金）和希珊．本．阿莫爾．阿爾．阿米立（Hišām Ibn ʻAmr al-ʻĀmirī，此段簡稱希珊）。

希珊的舅舅是哈希姆家族裡的人。基於這層親戚關係他偷偷為哈希姆家族送來糧食。聖妻哈蒂佳的侄子哈金則是在黑夜裡利用駱駝為掩護，將穀物送給哈希姆家族的人。而這些都讓與伊斯蘭勢不兩立的阿布．折害看在眼裡。有一回當聖妻哈蒂佳的侄子哈金在漆黑的夜晚正要為她送穀物時被阿布．折害抓個正著。阿布．折害緊緊抓著哈金並且大聲斥責他、威脅他，揚言會將這等恥辱散播給麥加人知道，因為他嚴重地破壞了禁令。阿布．阿爾．巴賀塔理．阿爾．阿司．本．希珊．本．阿爾．哈里士．本．阿沙得（Abu al-Baḫtarī al-ʻĀṣ Ibn Hišām Ibn al-Ḥāriṯ Ibn Asad，此段簡稱阿布．阿爾．巴賀塔理）見狀趕忙打圓場地說：「哈金不過是要將哈蒂佳託他保管的東西送還罷了，你放他走吧！」阿布．折害還是執意不肯，於是雙方大打出手，阿布．阿爾·巴賀塔理打傷了阿布·折害。穆聖ﷺ的伯父哈姆薩當時也看見了這一幕。

古萊氏的人將禁令執行得非常徹底，這使得被圍困在田地上的人們生活異常地艱難。聖門弟子們傳述道：「他們沒有食物，飢餓時甚至於吃地上的落葉，吃樹上找得到的任何能果腹的東西，只要這些東西能止住飢餓就行。就連穆聖ﷺ也不例外。」

在每年的夏冬兩季會有外地來的駱駝商隊前來麥加販賣，聖門弟子們看到了一線生機，因為與這些外地人交易並不在禁令的規定之內，而且這些外地人也不知道禁令的內容，如此一來他們就可以為他們的家人們買些東西了，但阿布·拉賀伯識破了他們的意圖。他和這些外地來的商人商量好，讓他們盡量哄抬物價，好讓哈希姆家族的人買不起貨物知難而退。這些外地來的商人遵照了他的命令。於是大家失望地空手回到飢餓的家人身旁。

3.1 學者阿爾·布提對禁令這段歷史的評論

學者阿爾·布提從禁令這段歷史中，針對哈希姆家族與聖門弟子的態度提出評論。這項為反對穆斯林而訂立的禁令是一項極不公平的禁令，它給予我們的一個印象，就是穆聖ﷺ與他的家族裡的成員還有聖門弟子們經歷了而且撐過了一段最艱苦難熬的時光。我們不禁要問，這三年裡的饑荒與苦難他們是如何熬過來的？他們有著什麼樣不同的動機？對這些哈希姆家族裡的成員而言，他們支持的動機並非宗教，因為他們本身非穆斯林，他們拒絕相信穆聖 ﷺ 所帶來的訊息，堅持固執地守著舊信仰與迷信，卻還是選擇了保護穆罕默德 ﷺ。

這是因為他們的動機純粹是為了保護家族名譽與榮耀。這個禁令使他們覺得不單是個人而是整個家族都受到了污辱。而且他們也害怕如果將家族裡的成員交給敵人，讓他們殺害他，那也會使整個家族的名聲受到嚴重毀壞，即使穆罕默德 ﷺ 與他們的信仰不同。

因此他們的心裡出現了兩種意念：

(1) 是他們仍然拒絕接受穆罕默德 ﷺ 所帶來的訊息；

(2) 同時他們選擇保護家族裡的成員，只是因為血緣關係，不管這個成員的行為對與錯。他們會保護他免於敵人的迫害。

而穆聖 ﷺ 和聖門弟子們這一方他們的動機則是為了遵循真主 ﷻ 命令與服從他的指示，他們隨時準備犧牲今世來換取後世，為求得真主 ﷻ 的喜悅而努力。今世與信仰的價值相較之下就變得毫無價值了。

許多寫穆聖傳或者關於伊斯蘭的作家們，他們扭曲事實的真相，錯誤地將伊斯蘭的成功歸功於哈希姆家族的支持。而他們其實是為了家族的驕傲、名譽才沒有把穆聖 ﷺ 交給敵人。那些作家們將哈希姆家族選擇保護穆聖 ﷺ 的主要原因拋之腦後，事實上哈希姆家族並沒有為伊斯蘭教的宣教做過努力。作家們將事實混淆，只是為突顯自己的想法與作法的手段罷了。

學者阿爾・布提說：「這種混淆視聽的說法既無好的邏輯又無有力的證明。當時的阿拉伯半島這一帶個人或家族部落之間為彼此出頭、相互作保是非常盛行又極其平常之事，這個行為並不是只有哈希姆家族或穆塔力伯（Muṭṭalib）部落才有，這種力挺甚至不問被保方的行為對錯，當他們決定為穆罕默德 ﷺ 做保時，他的信仰根本不在他們的考慮行列之中，主要的是要他們親手將自己家族成員交給敵人，這種行為對所有家族成員是極大的恥辱，所以他們所選擇保護的是他們家族的成員而並非保護他和他的同伴們以及他們的宗教。」

兩種特質將哈希姆家族成員們團結在一起：

(1) 驕傲、自大、愛慕虛榮：他們不願接受穆罕默德 ﷺ 的信仰，儘管他們對穆罕默德 ﷺ 的優秀品格非常清楚，知道他從不說謊而且值得信賴。

(2) 只為保護家族聲譽與榮耀。

在這患難與共、飢餓困苦的三年裡，他們既沒有從穆罕默德 ﷺ 的信仰裡得到什麼，之後他們也再沒有為聖門弟子做過什麼，只是當下選擇了與穆罕默德 ﷺ 共度這個難關而已。

3.2 東方學者的錯誤論點

東方學者認為穆罕默德 ﷺ 是一個革命家，他所帶來的訊息是貧窮對抗富有的一種經濟革命。他們認為這是麥加的窮人們期望能爭取到公平的財產分配所做的一種革命。東方學者所代表意見認為穆罕默德ﷺ帶來訊息是一種「左派思想」，一種「共產主義」的思想。是以共產主義的角度來看這種革命，是為左派反對右派、窮人反對富裕貴族的革命。

3.3 學者們的反證

如果穆聖ﷺ傳播信仰的目的真如東方學者所說，是為了「財產」、為了擁有更多金錢與勢力所致，那麼為何在歷史中我們不止一次地看到，麥加的非信徒嘗試用金錢與勢力來作為交換條件使穆聖ﷺ停止繼續宣教時，穆聖ﷺ一而再再而三的斷然拒絕呢？為何當穆聖ﷺ將這些豐厚的條件拒之門外時，聖門弟子們沒有批評他呢？

宣教讓聖門弟子們的生活條件變得越來越貧苦，在禁令之前他們從沒有像現在一般的忍飢挨餓。宣教為他們帶來饑荒與苦難。這個禁令是社會性的禁令也是經濟性的禁令（社會性方面例如禁止通婚和各種往來，經濟性方面則是禁止通商和一切物質資源的援助）。儘管如此，穆聖ﷺ與聖門弟子們還是忍耐、態度依然堅定不移，用犧牲奉獻的精神來證明對信仰的真誠。

另一個證明則是當聖門弟子們從麥加遷徙至麥地那時，他們必須放棄所有的田地與家產，孑然一身來到麥地那。從這裡可以看出他們宣教的動機不是為了經濟革命，如果是為了經濟革命那麼何至於放棄自己的財產，選擇更貧瘠更困難的生活？這個遷徙意味著他們願意以今世的財富換取伊斯蘭的信仰自由。他們看淡了今世所擁有與失去的，今世對他們而言是沒有價值的。如今為伊斯蘭而宣教怎麼卻被東方學者形容成為求溫飽的「社會革命」了呢？

東方學者們認為這個所謂的「革命」之所以成功是基於兩點理由：

(1) 認為第一代的聖門弟子們絕大多數為奴隸與窮人，他們之所以願意追隨穆罕默德 ﷺ，是因為經濟因素，期望可減輕他們的生活窘況，使他們覺得未來的經濟改變是有希望的。

(2) 認為從這個時期之後伊斯蘭信仰快速地被宣傳開來，許多國家紛紛接受了它，這使得第一代的聖門弟子們獲得了許多的財產與財富，這足以證明穆罕默德 ﷺ 的計劃就是為聖門弟子們致富。

對此伊斯蘭學者們的解釋是：我們證實第一代的聖門弟子們絕大多數為奴隸與窮人這個說法是對的，但認為他們的動機是一種經濟革命、為了改變他們的經濟生活而皈信的論點實為一大謬論。

伊斯蘭教主張人與人之間的公平公正，跟隨了它意味著時時準備犧牲。在當時追隨伊斯蘭並沒有任何的保證，根本無法預知是否真的會成功，又怎麼說這樣的革命可以為他們帶來什麼經濟效益？邏輯上來說，這些聖門弟子們早已是飽受壓迫並受到種種不平等待遇的人；相信穆聖 ﷺ 所帶來的訊息之後，緊跟隨而來的各種迫害與不公平應是聖門弟子們避之唯恐不及的事，但是他們還是堅持選擇了伊斯蘭。如此，我們所得到的結論是，聖門弟子們是真心誠意地相信伊斯蘭而追隨穆聖 ﷺ。

真主 ﷻ 對每一位施政不公正的暴君們予以嚴重刑罰威脅，因為「公正公平」是伊斯蘭生活觀中的準則。也正如此，使這些在麥加早已習慣對弱勢人群予取予求的暴君貴族們，對伊斯蘭卻步。對這些暴君貴族們而言，不公平才是他們的生活觀，伊斯蘭信仰中要求為信仰犧牲他們的財富與財產，歸還所有以不正當、不公平的方式奪取的財物。對他們而言，這個信仰是一大負擔。他們沒有準備接受它的意願。而相反的，對那些弱勢貧窮受欺壓的人們，「公正公平」的生活觀燃起他們對生活希望的火苗，不為經濟與權力只為相信這個純正公平的信仰，相信它能為他們帶來公正的法律。聖門弟子們為此做出極大的犧牲，這些犧牲不是為了謀求更好的經濟而是期望後世永恆的天堂，他們忍受短暫的煎熬期盼能獲得永恆。

他們保護穆聖 ﷺ、追隨他、支持他，時時準備犧牲。因為他們深信穆聖 ﷺ 就是真主 ﷻ 所派遣的先知與聖人，他代表著真理並加以宣揚，是在一條正確的信仰道路上。另一方面與此成對比的是麥加的非信徒們，他們眼中只有今世的財富、權勢與威望，這些動機阻礙他們臣服於真理、追隨真理、接受這個信仰。他們的過分自傲，虛榮與不公正成為截斷他們走向信仰光明道路的原因。

相反地大部分的聖門弟子們雖是奴隸或是窮人，但是他們接受這個信仰是認真發自內心的相信，為此真主 ﷻ 滿足了他們，他賜予他們特殊的榮耀，並使他們的信仰道路容易。真主 ﷻ 降下這些特殊的榮耀是為實現他的承諾。

《古蘭經》28 章：5 節：

「我決意賜恩典給那些在地上被迫害的人，使他們成為榜樣，並使他們成為繼承者。」[十]

誰對真主 ﷻ 真誠，真主 ﷻ 必定實現對他的諾言，就如同聖門弟子們一般。真主 ﷻ 敞開他們的心，也因此使繼他們之後多少民族帶著他們的財產加入伊斯蘭，這些是聖門弟子們沒有想到的，今世的榮華富貴追隨他們而來。他們不求財富只求真主 ﷻ 對他們滿意，期望他們的後世是成功的、能享受真主 ﷻ 的恩惠與仁慈，免於真主 ﷻ 的刑罰。

4.

第一批遷徙的穆斯林在阿貝細尼亞的情況

古萊氏立下的禁令持續了將近三年之久，在這期間穆聖ﷺ也建議聖門弟子們遷徙至阿貝細尼亞（現今的衣索比亞）。就當這些聖門弟子們在阿貝細尼亞生活時，他們聽到歐瑪爾·本·阿爾·哈塔伯接受了伊斯蘭教和古萊氏的非信徒與穆斯林訂立了一個和平協議的消息時，許多聖門弟子誤以為麥加情勢已有好轉決定返回麥加。殊不知當時局勢恰恰相反，繼歐瑪爾·本·阿爾·哈塔伯之後又有許多人選擇進入伊斯蘭，這使得古萊氏的非信徒們非常忿怒，對穆斯林的憎恨越來越深，於是決定使和平協議破裂，他們變本加厲地迫害穆斯林。當這些遠從阿貝細尼亞滿懷希望回到麥加的聖門弟子，看到這情況遠比他們當初離開時更加惡劣，這使他們非常傷心與失望。

但就在這時，阿貝細尼亞的國王接受了伊斯蘭教，為求安全起見只有穆聖ﷺ和少數返回麥加的聖門弟子知道這個消息。阿貝細尼亞當時為一基督教國家，一則為了能確保停留在境內聖門弟子們的安全，再則為能在背後默默支持與推動伊斯蘭教的發展，阿貝細尼亞的國王隱瞞了自己已是穆斯林的身分。倘若他公開承認自己入教，那麼不僅會造成人民對他的不諒解甚至於反動，再則更是會危及聖門弟子們的安全，這是他的考量。

5.

歐斯曼拒絕保護

聖門弟子歐斯曼・本・馬如恩（‘Uṯmān Ibn Maẓ‘ūn，此段簡稱歐斯曼）從阿貝細尼亞回到麥加時，阿爾・瓦力得・本・阿爾・姆宜拉（此段簡稱阿爾・瓦力得）慷慨地為他提供了保護。阿爾・瓦力得雖然反對伊斯蘭，但仍然信守諾言保護著歐斯曼使他在麥加能行動自由不受欺壓。但日復一日歐斯曼看見自己的同伴們受著欺負、咒罵或毆打，自己雖然因為受了一個非信徒的保護而毫髮無傷，卻覺得良心上過意不去。直到有一天歐斯曼前去找阿爾・瓦力得並且告訴他，自己不再需要這個約定了。阿爾・瓦力得對他的這個決定感到驚訝！他再次提醒歐斯曼，這樣的保護別人求之不得，況且沒有了這項保護等於是讓自己的生命面臨了嚴重的威脅。阿爾・瓦力得勸導他說：「我說！侄子呀！你清楚這有多麼地危險嗎？」阿爾・瓦力得和歐斯曼他們實際上並無親戚關係，但眼見歐斯曼要做出如此危險的決定，他試著勸阻歐斯曼，但是被歐斯曼堅決的態度給拒絕了。歐斯曼認為能保護自己的只有全能的真主ﷻ。阿爾．瓦力得拗不過歐斯曼，於是告訴他：「那麼我們到禁寺[6]，你把我對你的保護權還給我吧！」於是兩人走到禁寺，在大家的面前公開的撤銷了他們的保護約定。歐斯曼開口說：「阿爾．瓦力得．本．阿爾．姆宜拉的確待我忠誠而且慷慨的保護了我，不過我只希望受真主ﷻ的保護，所以在這裡我向大家宣佈，從此以後我不受阿爾．瓦力得．本．阿爾．姆宜拉的保護了。」話說完歐斯曼便走向一旁的古萊氏人們，當時他們正聚精會神地聽著拉比德（Labīd）這個詩人朗誦他自己寫的詩，當拉比德唸道：「所以真主ﷻ所創造的均無真實性，唯有真主ﷻ他才是真實的！」唸到這裡，歐斯曼附和著說：「你說的是事實！」接著拉比德又說：「無可置疑的，所有的享樂均有終點！」聽到這句話歐斯曼馬上反駁道：「這不正確，你騙人！天堂中的享樂是沒有終點的。」此話一出，拉比德覺得自己深受侮辱。於是對古萊氏的人說：「古萊氏的人啊！我以真主ﷻ之名起誓，曾幾何時加入你們的人居然受到傷害，你們到底怎麼了？」這時在座的一位古萊氏的人告訴拉比德不要理會歐斯曼的話，因為歐斯曼根本就是個瘋子，他和一群瘋子為伍，他們叛離了我們祖先的宗教，不要覺得自己受到侮辱。話還沒說完歐斯曼又再度反駁時，古萊氏的人氣憤地站了起來並毆打歐斯曼的臉，他把歐斯曼的一隻眼睛打得瘀青。阿爾．瓦力得當

6　禁寺是指天房附近眾人禮拜之處，因禁止暴力衝突發生，故稱禁寺。

時看到了這一幕，他對歐斯曼說：「我的侄子呀！我以真主 ﷻ 之名起誓！你好端端地白傷了這隻眼睛，你本來是受著有力的保護的！」歐斯曼則回答阿爾．瓦力得說：「我這隻健康的眼睛和那隻受傷的眼睛相比，它確是可憐的，那隻受傷的眼睛可是為了主道而受傷的呀！」歐斯曼的這番話是為了強調，哪怕是為主道犧牲自己的另一隻眼睛他也願意。「走吧！我們再到禁寺去，我把我對你的保護權再還給你吧！」阿爾．瓦力得憐憫的對他說。歐斯曼還是拒絕了阿爾．瓦力得的好意。他說：「我的確是在崇高的真主 ﷻ 保護下，他確是比你還強的！」

6.

阿布・拉賀伯反常地爲自己的兄弟阿布・塔力伯出頭

馬賀蘇部落（Banū Maḥsu）的一些人前來質問阿布・塔力伯，問他為何保護穆罕默德 ﷺ 現在又向阿布・沙拉瑪・阿爾・馬賀祖米（Abū Salamah al-Maḫzūmī）（此段簡稱阿布・沙拉瑪）提出保護？阿布・塔力伯理直氣壯的回答道：「我既然保護我兄弟的兒子，現在我當然也保護我姐妹的兒子[7]！」當時古萊氏的非信徒對阿布・塔力伯力挺穆罕默德 ﷺ 已經十分不滿，如今他又要對阿布・沙拉瑪這個對自己祖先信仰的叛逆之徒提供保護，這使他們更加忿恨不平。古萊氏的非信徒對聖門弟子們的仇視越來越深了。令人意外的是一向反對自己的兄長保護穆罕默德

---

7 「我兄弟的兒子」是指穆罕默德，而「我姐妹的兒子」這裡是指阿布・沙拉瑪。

ﷺ的阿布．拉賀伯這時居然為自己的兄長指責來人說：「你們對這個老人的要求太過分了！我以真主ﷻ之名起誓！要不就是你們不再打擾他！再不就是我們一起來保護阿布．沙拉瑪好了！」阿布．拉賀伯是家族中唯一一個與古萊氏非信徒聯合起來想要殺害自己的親侄子穆罕默德ﷺ的人。但現在他卻為了自己的兄長與馬賀蘇部落對立。馬賀蘇部落的人一聽此言嚇得連忙說：「不了不了！我們不做讓你生氣的事了！」阿布．塔力伯看到自己的兄弟為自己挺身而出，他高興地吟詩作詞起來。詩裡大意是說：「希望阿布．拉賀伯能在一個園地中受到保護而不會受到不公平之事。」此舉一則為緩和阿布．拉賀伯的情緒，再者也是為了能繼續保護自己心愛的侄子穆罕默德ﷺ，阿布．塔力伯呼籲阿布．拉賀伯勇敢地支持自己部落的人，他的詩詞裡有祝福也有期許，只可惜事與願違，阿布．拉賀伯還是執意與非信徒為伍。

7.

伊斯蘭歷史上的第二次遷徙

當第一批遷徙至阿貝細尼亞的聖門弟子滿懷希望以為穆斯林在麥加城的局勢已有好轉，紛紛回到麥加時，他們卻看見情況並非如他們所期待的那樣，相反的那些對穆斯林的欺壓和酷刑是有增無減。在歐瑪爾．本．阿爾．哈塔伯入教之後，麥加的非信徒們一時之間彷彿受到了過度驚嚇而不知所措沉寂了好一段時間，對穆斯林放寬了不少。但是等他們從這次的驚嚇清醒過來時，迫害穆斯林的手段只有變本加厲。情勢的逆轉使回到麥加的聖門弟子決定再次遷徙至阿貝細尼亞，這回有更多人加入了他們的行列，於是遷徙的人數超出了八十人，其中有十八名婦女。

遷徙者名單：

- 加法爾．本．阿比．塔力伯（Ğa‘far Ibn Abī Ṭālib）（此段簡稱加法爾）和他的妻子阿思瑪．本特．烏湄司（Asmā’ Bint ‘Umays），他們在遷徙至阿貝細尼亞時生下一子，名為阿布都拉（‘Abdullāh）

- 阿布都拉·本·馬司悟得（‘Abdullāh Ibn Mas‘ūd）
- 阿莫爾·本·阿比·瓦嘎斯（‘Amr Ibn Abī Waqqāṣ）和他的妻子沙烏達·本特·冉姆阿賀（Sawdah Bint Zam‘ah）
- 烏貝依都拉·本·賈賀許（‘Ubaydullāh Ibn Ğaḥš）和他的妻子哈比巴賀·本特·阿比·舒非安（Ḥabībah Bint Abī Sufyān，此段簡稱哈比巴賀）

原本以為遷徙能使他們在教門的實踐上容易些，沒想到烏貝依都拉·本·賈賀許日後退出了伊斯蘭教成了基督教徒，甚至酗酒成性直到去世。這對他的妻子哈比巴賀·本特·阿比·舒非安是一大嚴厲的考驗，她在烏貝依都拉去世後仍然堅信著伊斯蘭。

加入這個遷徙行列之中的還有一行來自葉門的穆斯林們，這一行人原本打算搭船前往麥加，但是當他們了解了麥加的嚴峻情勢之後，決定改變行程與來自麥加的聖門弟子們一起到阿貝細尼亞去。他們在那裡認識了聖門弟子加法爾於是便留了下來。直到伊曆七年他們才終於如願以償到達麥地那，親自見到期待了許久的尊貴的使者穆罕默德ﷺ。當穆聖ﷺ見到這些為伊斯蘭長途跋涉從葉門來輾轉到阿貝細尼亞去，現在才又遷徙到麥地那的忠誠信士們時高興地說：「噢！你們這些船員們，你們這樣算是遷徙了兩回了！」穆司林聖訓集傳述。

7.1 古萊氏的詭計

古萊氏的非信徒們在得知這麼龐大的穆斯林隊伍正遷徙到阿貝細尼亞去時，他們著實震驚。急忙派遣兩位大使並特意地準備了精美禮品送給阿貝細尼亞的國王與大臣們，想藉此阻止穆斯林隊伍與國王碰面，並且順利地將他們帶回麥加。古萊氏所派出的兩人為阿布都拉・本・拉比阿（'Abdullāh Ibn Rabī'ah，此段簡稱阿布都拉）和阿莫爾・本・阿爾阿司（'Amr Ibn al-'Āṣ，此段簡稱阿莫爾）。他們倆一到達阿貝細尼亞就馬不停蹄的給王公大臣們送禮，這些禮物都是阿貝細尼亞人非常喜愛的羊皮，送禮之際他們告訴這些大臣們，這些從麥加來的隊伍既不遵從麥加傳統習俗也對阿貝細尼亞的宗教沒有興趣，他們跟隨的不過是個危言聳聽誘惑人心的宗教罷了！不如請他們建議國王把這一行人交給他二人帶回，也不勞國王接見這些人、為他們而操心和他們談話了！

麥加來的這兩位使者早有耳聞阿貝細尼亞的國王是一位公正的領袖，他們害怕若是讓國王和穆斯林隊伍見上了面，得知他們在麥加因信仰受盡壓迫，到時候國王一定會為他們提供庇護。

古萊氏的大使們見到國王時，奉上了所準備好的豐盛的禮物，有羊皮、一件用珠寶裝飾的長衫，和一匹寶馬。他們告訴國王說，他們二人是受這些人的家人所託前來將他們帶回。大臣們這時也紛紛地為古萊氏的使者幫腔，說是：「沒有人是比家人更了解這些情況，不如就讓他們將來人帶回吧！」穆聖 ﷺ 早知道這位國王是個明事理、公平又有正義感的人，在他沒有親自和這些逃離家鄉的人談過話前是不會輕易地將這些人遣返的。如果事實真如這兩位使者所言，那麼他自然會將他們交給使者處置，如果不是，那麼他將為他們提供保護與居留。

於是國王派人前來請聖門弟子們前往觀見，聖門弟子們互相商討著該告訴國王什麼時？這時有人說：「我們以真主 ﷻ 之名發誓！不管發生什麼事，就如我們的聖人告訴我們的，如實稟報。」國王這時也請來教士們帶著舊經書一起會談。當聖門弟子們到來時，國王問：你們遵從的到底是什麼樣的信仰？居然使得你們的族人驅逐你們，而且這既不是我們的信仰又不是其他知名的宗教？這時聖門弟子的代表加法爾說：「尊敬的國王！我們曾經是一個無知的民族，我們對石頭膜拜、食用自死動物的肉、做過極其淫蕩之事、親戚之間不維繫感情、對鄰居以及求助者態度惡劣。強者欺負並利用弱者，壓迫他們甚至侵佔他們的權力。這樣的情形持續到真主 ﷻ 派遣一位使者到我們之中。他是我們部落之中的人，我們認得他的家人、他的家世，他為人真實、誠信與個性純正。他呼籲我們只崇拜一個主，唯一獨一的主！要我們放棄那些石頭雕的神像，我們的祖先們在崇拜真主 ﷻ 時也祭拜它們。他呼籲我們說實話、受託之物必歸還物主、讓我們維繫親戚之間的感情、保護弱小、他命令我們遠離那些受禁止的事、遠離無謂的流血事件、禁止作假證、禁止淫亂不道德的行為。他命令我們保護孤兒的財產不可侵佔，不可破壞純潔婦女的貞潔或誣賴使其獲罪（或玷污她的清白）。他命令我們禮拜繳納天課。我們相信他並且追隨他所為我們帶來的訊息信主獨一，我們只敬拜真主 ﷻ，我們不做他所禁止的，只做他所允許的。可是當我們一心一意、循規蹈矩地實踐這些事時，我們的族人卻壓迫我們，對我們嚴刑拷打，施以恐怖暴行欲使我們再過著像從前那樣惡劣卑鄙的生活。他們不允許我們實踐我們的宗教，那對我們是不公正、不公平的，所以我們才到你們的國家來，希望能獲得你們的保護，能獲得公平的對待。」國王聽完加法爾的話後問他：「你有關於穆罕默德 ﷺ 告知你們的啟示內容嗎？」加法爾回答道：「有。」於是他開始誦讀《古蘭經》第十九章〈麥爾彥〉。當國王聽到這優美的經文時他泣不成聲，淚水浸濕了他的鬍子，一旁的教士們也是淚流滿面。當他們聽到《古蘭經》時每個人都深受感動。之後國王開口說：「這些也是爾撒所帶來訊息，它們來自同樣一個源頭，源自真主 ﷻ 的光。」說完他轉向古萊氏的人說：「回去吧！我不會把他們交給你們的，他們不會受到不公平的對待。」說完國王便示意讓古萊氏所派出的大使告退。阿莫爾是個非常機智聰明而且不輕言放棄的人，他告訴他的同伴阿布都拉：「我以真主 ﷻ 之名起誓，我明天再來，我一定會想盡辦法得到他們的！」此時阿布都拉的心則是軟化了許多，他勸阿莫爾放棄，因為雖然這些人選擇了其他的宗教，但是大家也都還是親戚朋友，他告訴阿莫爾說：「放過他們吧！」但是阿莫爾依然固執。

7.2 古萊氏的大使再度挑撥離間

隔日阿莫爾再度要求覲見國王並且告訴國王這些穆斯林說了一些關於爾撒的話，而這些話與基督教的教義不符。於是國王派人去將他們帶來，聖門弟子們聚在一起商議，他們早料到一定是個關於聖人爾撒的話題。他們還是決定不管發生什麼事，就如穆聖 ﷺ 告訴他們的，如實稟報。當他們到來時，國王問：「關於爾撒，麥爾彥之子你們是怎麼說呢？」加法爾說：「使者穆罕默德 ﷺ 告訴我們說：『他是真主 ﷻ 的僕人與使者，真主 ﷻ 將他自己神聖的精神和他尊貴的話語吹入麥爾彥這個純潔的處女身體中。』說到這裡國王拿起他手中的一根樹枝，他在地上畫了一條線然後說：「關於爾撒，麥爾彥之子，他沒有超越這條線！」他指的是穆聖 ﷺ 所說關於爾撒麥爾彥之子的話是對的。他對加法爾說：「你所說的和我們所相信的是一樣的。」此話一出引起了一陣騷動，在座的教士們不滿國王的話，國王看出了他們的態度，他對他們說：「即使你們不滿意我的話！」然後他告訴那些穆斯林們：「你們走吧！在這個國土上你們是安全的。即使有一山的黃金，我也不希望你們其中任何一人受到傷害。」國王命令士兵將古萊氏的的禮物退還，阿莫爾的第二次挑撥離間也宣告失敗。

聖門弟子們停留在阿貝細尼亞的期間，得到了國王妥善的保護，這些人當中有一部分後來回到麥加，一部分的人繼續留在阿貝細尼亞直到伊曆七年才與加法爾一起遷徙到麥地那。

學者阿布．夏赫巴提醒我們第二次遷徙的歷史教導了我們，如果一個信士對真主 ﷻ 真誠、正直、坦率，他知道他的一言一行全在真主 ﷻ 的掌控之中，即使他看不見真主 ﷻ，但真主 ﷻ 一定看得見他，對於這樣一個信士真主 ﷻ 會祥助他。就在有人要加害他或是身處困境時，真主 ﷻ 必定真誠以對，幫助他通過所有的考驗。這段歷史對所有宣教工作者都非常重要。每個人應該反省並以這段歷史中的聖門弟子們為模範，他們為人正直處事清楚明瞭，態度不屈不撓。即使在困境中依然清楚的劃分以何為優先，不迴避、不改變立場以好的外交策略相應，並且注意自己行為舉止談話風度，如加法爾與國王的對話，不管發生什麼事，就如穆聖 ﷺ 告訴他們的，如實稟報，既不縮減也不隨意附加自己的意見。

7.3 阿貝細尼亞的國王歸真

阿布．胡萊拉（Abū Hurayrah）說道：「阿貝細尼亞的國王安．那加須（an-Naǧāšī）去世後，穆聖 ﷺ 為他在清真寺外的廣場（muṣallā）[8] 之前喊了四次真主 ﷻ 至大[9]。」

---

8 musalla（阿拉伯語：مصلى，羅馬語：muṣallā）是清真寺外的開放空間，主要用於伊斯蘭教中的祈禱。該詞源自動詞 صلى（ṣallā），意思是「祈禱」。它通常用於開齋節祈禱和殯禮祈禱。（參考 https://en.wikipedia.org/wiki/Musalla）

9 依照伊斯蘭的殯禮，儀式開始需要喊四次真主 ﷻ 至大。此處表示為他舉行了伊斯蘭的遙殯。

在另一段由加必爾・本・阿布迪拉（Ğābir Ibn ‘Abdillāh）所傳述的聖訓中提到：穆聖ﷺ告訴我們：「今天一位受正道指引的人歸真了，起立為你們的兄弟阿司哈馬賀・本・阿布加爾・安・那加須（Aṣḥamah Ibn Abğar an-Nağāšī 此段簡稱安・那加須）禮殯禮吧！」這段聖訓收錄在布哈里聖訓集與穆司林聖訓集中。又有另一段聖訓中傳述道：當穆聖ﷺ為阿貝細尼亞的國王安・那加須行殯禮時，天使們將他的遺體帶至麥地那穆聖ﷺ的面前。

7.4 學者阿爾・布提對遷徙的評論

學者阿爾・布提對遷徙至阿貝細尼亞之事提出以下重要的評論：

保護宗教、抓緊信仰五大功修、穩固信仰基礎這些都是非常重要的根基與源頭，都是每一份伊斯蘭力量的保證。就如同一座城牆，它保護著所有的權力如財產、國土、自由與尊嚴等等。因此對每一個宣教者，在宣教期間都有義務用他所有的力量與物資，甚至是生命，來作為對自己信仰與原則的保護。歷史上我們看到了蘇瑪亞為信仰而壯烈犧牲的最好例子。[10] 如果丟失了信仰，那麼生命與財產也就既無意義也無價值了！真主ﷻ從歷史

10 蘇瑪亞是歷史上第一位為信仰而犧牲生命的穆斯林。詳見第一冊 28 章。

中讓我們看到他的定律，那就是精神與靈魂是保護物質財產的力量與基石。

再者，我們會看到的例子，如一個民族為了信仰犧牲了他們所有的物質財產，包括土地和國家，而在不久的將來看到他們收復他們所失去的更甚至於加倍地獲得。這是為信仰犧牲的結果。這個忍耐是短暫的，失去的也是短暫的，而且將會獲得多倍的報酬。聖門弟子們在麥加十三年的時間裡，他們犧牲了他們的所有，甚至也包括生命，遷徙後的第八年他們便收復了麥加。在伊斯蘭的信仰裡你可以真正的理解人類、宇宙、世界萬物與生命，這個真主 ﷻ 為他在大地上的僕人們所選擇的信仰。除了在伊斯蘭，你無法找到一個社會規則是建立在公平公正的基礎裡，所以宣教的原則即是為信仰而犧牲，這個原則同時也是犧牲的保證，因此遷徙是被允許的。當穆聖 ﷺ 看見聖門弟子們是如此地受欺凌，於是允許他們遷徙；但是這樣的遷徙也代表著犧牲他們的家園，他們是帶著痛苦、悲傷離開的，是因為受壓迫而不得不遠走他鄉，不是為逃離負擔而選擇享樂，而是從一種痛苦到另外一種痛苦，他們是從麥加遷徙至下一個考驗，他們的負擔並沒有減輕。在那裡他們承受得住痛苦、經得起折磨。為了遷徙他們必須離開自己心愛的麥加城，那裡有他們所有成長的回憶，有他們心愛的家人，他們所有的財產。他們帶著滿腹的希望，屹立不搖地相信真主 ﷻ；忍耐著期待著，終有一天如真主 ﷻ 所願，負擔將會減輕，將擺脫痛苦，成功一定會到來。

8.

來自阿貝細尼亞的問道者

正值穆聖ﷺ與聖門弟子們在麥加受盡非信徒們心理上和身體上的各種折磨時，從阿貝細尼亞來了一群基督教徒，他們是來尋找穆罕默德ﷺ，打聽關於伊斯蘭教的事，以及這個新的信仰所宣告的新訊息。這一行人大約有三十人。他們是由加法爾・本・阿比・塔力伯陪同前來。他們與穆聖ﷺ同坐，一面聽他講述伊斯蘭一面用他們的舊經書來比對。他們觀察穆聖ﷺ的一言一行與他的性格特質，當他們聽完穆聖ﷺ誦讀《古蘭經》時他們馬上接受了伊斯蘭教。阿布・折害聽到此事，氣沖沖地趕來並且將在場所有人斥責了一番。他忿恨地說：「我從未見過比你們更愚蠢的了！你們的族人派你們前來檢視這個人，看他堅持著什麼想法！怎麼你們才剛剛進麥加，連口氣都還沒喘，旅途的疲憊也還沒舒緩過來，就已經拋棄了你們的信仰！」這時這些阿貝細尼亞人同聲道：「和平與你們同在！我們不和你們爭論。不用我們的良知做交換。我們為自己的信仰負責而你們則對你們自己的信仰負責。」此時真主ﷻ降下了《古蘭經》28章：52-55節其中敘述了關於阿布．折害與阿貝細尼亞人的這段對話。真主ﷻ描繪了當時的場面。

《古蘭經》28章：52-55節：

「在啟示這真言之前，曾蒙我賞賜天經的人，是確信這真言的。當有人對他們宣讀這真言的時候，他們說：『我們確信這真言，它確是從我們的主降示的，在降示它之前，我們確是歸順的。』這等人，因能堅忍，且能以德報怨，並分捨我所賜予他們的，故得加倍的報酬。當他們聽到惡言的時候，立即退避，他們說：『我們有我們的行為，你們有你們的行為。祝你們平安！我們不求愚人的友誼。』」（*）

學者阿爾．布提對阿貝細尼亞人前來拜訪穆聖ﷺ和阿貝細尼亞人與阿布．折害的會面這兩件事中提出兩個重要的看法：

(1) 當穆聖ﷺ與聖門弟子們在麥加正遭受迫害時，阿貝細尼亞人的拜訪成了一個鐵證，它證實了我們不能因為只憑眼前所看到的信士們所受到的嚴重考驗、他們的痛苦、他們為信仰所做的犧牲，而誤以為這已是失敗，或者這是因不受真主ﷻ賜福所致。我們不能因此悲觀喪志而變得脆弱。我們早已意識到犧牲是必然，信仰的道路上必有考驗與痛苦，這些都是相對於日後成功所付出的代價。阿貝細尼亞人長途跋涉地到麥加來拜訪穆聖ﷺ，見面後馬上接受他的訊息歸信伊斯蘭教。這是真主ﷻ為穆斯林帶來的勝利，這是對他們的一種安慰，好讓他們繼續保持堅定。

(2) 真主 ﷻ 清楚地讓伊斯蘭的敵人們知道，不管他們施加多少壓力，絕對無法阻止這個信仰，這是給阿布．折害和他的同伴們一個清楚的答案，他們的努力終將白費。這三十位來自阿貝細尼亞人的入教對阿布．折害而言是一種警訊也是一種心理上的威脅，他無計可施的情況下只能破口大罵，只能更加地迫害穆斯林，增加對他們的傷害，阿布．折害阻擋不了伊斯蘭，以後的人也一樣阻擋不了。

9.

大賢阿布・巴克爾欲遷徙至阿貝細尼亞

大賢阿布・巴克爾也因為受到壓迫而想離開麥加，他遷徙的目標是阿貝細尼亞，當他旅行至巴爾客・阿爾・吉馬得（Bark al-Ġimād）這個地方時他遇見了本・阿德・杜古那（Ibn ad-Duġunnah），他是阿爾・嘎拉賀（al-Qārrah）部落的人。這個人在麥加城裡聲譽極好，非常受到麥加人的敬重。當本・阿德・杜古那看見大賢阿布・巴克爾時，他問大賢阿布・巴克爾要到哪裡去？大賢阿布・巴克爾對他說：「我的族人逼迫我離開麥加，我要尋找一個地方，在那裡我可以敬拜我的真主ﷻ！」本・阿德・杜古那回答他說：「像你這樣的一個人不能被強制離開麥加，你捐助窮人、協助貧困、你維繫親友關係、幫助弱小、待客慷慨，你一直是眾人的依靠。折返吧！我來保護你，你敬拜你的主吧！」

學者說：「本．阿德．杜古那對大賢阿布．巴克爾的個性的形容恰巧是聖妻哈蒂佳對穆聖 ﷺ 個性的形容，在這裡更顯示出他們兩人深厚與不凡的友誼。」

阿布．巴克爾聽完了本．阿德．杜古那這一番話後，他接受了後者的提議回到麥加。麥加人接受了本．阿德．杜古那對大賢阿布．巴克爾的保護，但只允許他在自己的屋內禮拜，原因是他誦讀《古蘭經》的聲音太美了，他們害怕自己的女人們和孩子們受他的吸引。之後阿布．巴克爾在家中特別地設立了一個清真寺，當他在裡面禮拜時，屋外的人不分男女老少都偷偷地聽著他誦讀《古蘭經》。他們陶醉在阿布．巴克爾誦讀《古蘭經》聲音的抑揚頓挫裡，看著他專注在禮拜當中的樣子而深受感動。古萊氏的非信徒們感覺到情勢不對，他們要求要不就是阿布．巴克爾不能再在清真寺裡禮拜，再不就是讓本．阿德．杜古那放棄對阿布．巴克爾的保護，這樣一來他們就可以對他為所欲為。當本．阿德．杜古那告訴阿布．巴克爾古萊氏對他的威脅時，阿布．巴克爾毅然決然地將這個保護權退還給本．阿德．杜古那並且說：「我在我的主的保護之下！」

從古萊氏非信徒的男女老少竊聽誦讀《古蘭經》這件事，足以證明《古蘭經》是一大奇蹟，它使那些人不由自主地受感動受吸引，那是真主 ﷻ 的話語吸引了他們的靈魂。

大學者艾哈默德傳述：撒阿撒阿和．本．穆阿維亞（Ṣa‘ṣa‘ah Ibn Mu‘āwyah）前來找穆聖 ﷺ 剛好聽到穆聖 ﷺ 正誦讀著《古蘭經》99 章：7-8 節：

「作塵星之重的善事者，將要看見他。作塵星之重的惡事者，將要看見他。」[&]

當撒阿撒阿和聽見這兩節經文中說，真主 ﷻ 甚至連一粒小灰塵的善惡都不錯失時，他覺得這已足夠。

10.

撤銷禁令

禁令維持了三年的時間，所有的人都忍受著極大的痛苦。飢餓時一些同伴們甚至啃食樹葉。就在這時真主ﷻ使一些古萊氏人開始心軟，他們開始議論這件事，認為它必須結束。第一個開始著手撤銷禁令的人是希珊・本・阿莫爾・阿爾・阿米立（Hišām Ibn ʻAmr al-ʻĀmirī，此段簡稱希珊），但光他一人是無法對古萊氏的人造成壓力。於是祖海爾・本・阿比・伍麥亞・阿爾・馬賀祖米（Zuhayr Ibn Abī Umayyah al-Maḫzūmī，此段簡稱祖海爾）和希珊兩人商討著應該再找一個人一起造勢，於是他們找到阿爾・木塔阿姆・本・阿帝（al-Muṭʻim Ibn ʻAdī，此段簡稱阿爾・木塔阿姆）。繼他們三人之後阿布・阿爾・巴賀塔理・阿爾・阿司・本・希珊・本・阿爾・哈里士・本・阿沙得（Abu al-Baḫtarī al-ʻĀṣ Ibn Hišām Ibn al-Ḥāriṯ Ibn Asad，此段簡稱阿布・阿爾・巴賀塔理）與祖瑪・本・阿爾・阿斯瓦得・本・阿爾・穆塔力伯・本・阿薩德（Zumʻah Ibn al-Aswad Ibn al-Muṭṭalib Ibn

Asad，此段簡稱祖瑪）也加入了他們的陣營。這些人都是穆聖ﷺ的祖父阿布得・阿爾・穆塔力伯的親戚們，他們想中止這個禁令，要一起起義為這個禁令劃上句點。他們聚集在阿爾・哈軍（al-Ḥağūn）這個地方協議著該如何進行他們的計劃；他們的第一步便是除去掛在天房牆上的禁令。祖海爾穿著得體的走向天房，他在繞行天房七次之後對著那些古萊氏的權貴們說：「當我們飽食又能自由買賣的同時，哈希姆家族的人們卻受到阻止，不能和我們一樣享有同樣的自由，這公平嗎？我以真主ﷻ之名起誓，我要廢除這個不公平的禁令！」阿布・折害聽到這番話便大聲斥責說：「你不可以這麼做！」這時祖瑪出聲支援祖海爾，他對阿布・折害說：「你說謊！我們對這個禁令一點都不滿意！」阿布・阿爾・巴賀塔理接著說：「我要廢除這個禁令，因為它是不公平的！」希珊也在旁點頭表示贊同。阿布・折害這時了解到這些人必定是暗夜裡早計劃好的。穆聖ﷺ的伯父阿布・塔力伯當時也在場，但是他保持了沉默。阿爾・木塔阿姆和其他人一起走向天房想要撕下那張禁令，驚訝地看見禁令已被蟲子啃蝕得只剩下「奉真主ﷻ之名」的幾個字。當伯父阿布・塔力伯見到穆聖ﷺ時，沒等他開口穆聖ﷺ便告訴阿布・塔力伯說：「真主ﷻ派出蟲子啃蝕了禁令上的字，並且只留下真主ﷻ之名。」阿布・塔力伯驚問道：「是你的主告知你的嗎？」穆聖ﷺ肯定的回答道：「是的！」

11.

穆聖 ﷺ 爲麥加人向眞主 ﷻ 祈雨

禁令雖然結束了，但是古萊氏的非信徒們對穆聖 ﷺ 和聖門弟子們的欺壓與敵意有增無減，他們變本加厲地迫害穆斯林。穆聖 ﷺ 覺察到，當有人想要進一步了解伊斯蘭而想和他碰面時，古萊氏的非信徒們便故意阻撓。穆聖 ﷺ 一方面盡力地解釋著伊斯蘭的信仰，但另一方面也尊重他們自己對信仰的選擇。穆聖 ﷺ 祈求真主 ﷻ 援助他 ﷺ 就如同當年真主 ﷻ 應允先知優素福的祈求一般，用旱災來喚醒人們對造物主的認知，真主 ﷻ 接受了穆聖 ﷺ 的都阿以。

有了早先先知優素福的例子，穆聖 ﷺ 祈望能藉苦難考驗古萊氏的非信徒們，期望他們能清醒過來，能意識到所有改變局勢的力量都只來自於獨一的真主 ﷻ，因而放棄長久以來祖先們錯誤的信仰。穆聖 ﷺ 並不是祈求真主 ﷻ 毀滅古萊氏的人，而是一個滿懷仁慈與希望的祈求，他是多麼希望自己的族人能接受伊斯蘭的信仰，能拯救自己免於真主 ﷻ 的懲罰。不久之後乾旱果真到來，只持續了一年人們就飢餓到啃食骨頭、吃自死動物的肉。他們餓到眼冒金星，因為過度地挨餓以至於放眼所見無論是天上或地上都是一片濃煙。阿布・舒非安・本・哈爾布和一群非信徒們來找穆聖 ﷺ 並且對他 ﷺ 說：「噢！穆罕默德 ﷺ！你不是說你是因真主 ﷻ 的仁慈而被派遣的嗎？那麼你現在看到了你的族人們受苦受難，祈求真主 ﷻ 使我們容易吧！使我們脫離險境吧！」聽了他們一番話後穆聖 ﷺ 向真主 ﷻ 祈禱，不久後，天上果真下起雨來，乾旱得以紓解。但是這場雨居然下個不停，不久之後四處便開始淹水，於是穆聖 ﷺ 再度祈求真主 ﷻ 使這場雨成為恩典而非懲罰。不要讓雨水傷害人與牲畜，他求真主 ﷻ，讓雨下在他們的四周，讓果樹能藉著雨水的滋潤得到豐碩的果實。

在災難得到疏解後不久，人們又再度固執了起來，於是真主 ﷻ 降下《古蘭經》44 章：10-16 節：

「你應當等待煙霧漫天的日子，（*）那煙霧將籠罩世人，他們說：『這是一種痛苦的刑罰。（*）我們的主啊！求你為我們解除這種刑罰，我們確是信道的。』（*）（刑罰已降臨他們，此時）他們怎能獲得勸告（的益處）呢？有位明白宣教的使者（穆聖 ﷺ）確已來臨他們。（#）而他們卻背離他（穆聖 ﷺ）。他們說：『（他是）一位受過傳授的瘋子。』（#）我將暫時解除刑罰，而你們也將原形畢露（恢復叛逆）（#）當我進行大突襲的那日，我必將嚴懲（他們）。[（#）]」

經注解說：

此經文的解釋是認為這是一個對審判日即將到來的情境描寫，也意味著後世來臨前的大騙子達加爾（Dağğāl）就要出現。煙霧也是徵兆之一。

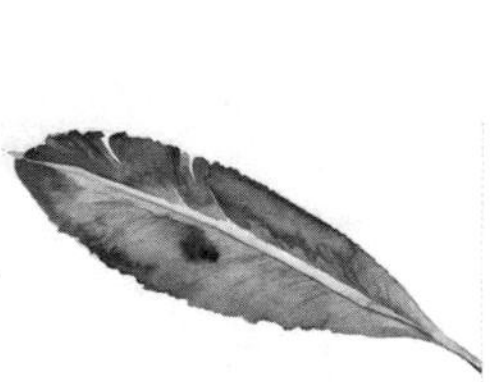

12.

穆聖ﷺ未遷徙前所發生的事件

穆聖ﷺ未遷徙麥地那之前，當時信仰基督教的羅馬人與波斯的拜火教徒交戰。當羅馬人戰敗時，穆斯林為他們的失敗感到傷心，而麥加的非信徒則恰恰相反，他們為波斯國王的勝利而歡欣鼓舞。穆斯林會感到傷心是因為基督教徒與伊斯蘭的信仰是來自一個根源，彼此是信仰上的兄弟姐妹。而麥加人是因為崇拜偶像，波斯人是拜火教徒，他們之間也有著良好的關係。

戰鬥結束後，非信徒們對穆斯林說：我們的波斯兄弟們打敗了你們那些持舊經書的基督教兄弟們。我們實在是太高興了！哪天若是換成我們和你們交戰，我們一樣也會擊敗你們的！

就在這時《古蘭經》30 章：1-7 節被頒降下：

「艾列弗，俩目，米目。羅馬人已敗北於，最近的地方。他們既敗之後，將獲勝利，於數年之間。以前和以後，凡事歸真主主持。在那日，信道的人將要歡喜。這是由於真主的援助，他援助他所意欲者。他確是萬能的，確是至慈的。真主應許（他們

勝利），真主並不爽約，但人們大半不知道。他們只知道今世生活的表面，他們對於後世，是疏忽的。」（*）

真主 ﷻ 在這段經文中預言，不久的將來，基督教徒將打敗波斯的拜火教徒。這個令人興奮的消息傳來。大賢阿布．巴克爾等不及地去找之前挑釁的麥加人並對他們說：「你們為波斯人的勝利高興嗎？別高興得太早，幾年內羅馬人（指基督教徒）會打敗波斯人的！」烏貝依．本．哈拉夫（Ubayy Ibn Ḫalaf，此段簡稱烏貝依）反駁說：「錯！不會是那樣的！你是個騙子！如果你同意，我願與你各以十頭最好品種的駱駝打賭，若是在三年內果真如你所說那樣，那麼你就可以獲得我的十頭駱駝。」

阿布．巴克爾去找穆聖 ﷺ 並且講述了剛剛與烏貝依打賭一事，穆聖 ﷺ 告訴阿布．巴克爾：「我並沒有告訴你們三年內羅馬人會打敗波斯人，而是近年內。你去改變打賭的條件，並且增加駱駝的數目，但是延長打賭的期限至九年。」阿布．巴克爾聽了穆聖 ﷺ 的話前去找與烏貝依改變打賭的條件，烏貝依譏笑他是怕輸才來改的吧？阿布．巴克爾鎮定的說：「我要延長打賭的期限至九年並且增加我們的賭注到一百頭駱駝呢！」他們雙方都同意了這些條件。

九年內果真羅馬人戰勝了波斯人，穆斯林們一則為基督教兄弟們獲勝而感到高興，更高興的是啟示獲得了明證，它的確是清楚正確無誤的。

13.

悲慟之年——穆聖 ﷺ 失去兩位至親

13.1 穆聖 ﷺ 的伯父阿布·塔力伯的去世

從穆聖 ﷺ 一開始宣教起，阿布·塔力伯一直是最支持並保護他的人。因為他的庇護使穆聖 ﷺ 在麥加城宣教工作的推展減少了許多阻力，也使得古萊氏的非信徒想方設法對付穆聖 ﷺ 的詭計無法得逞。而如今穆聖 ﷺ 的伯父阿布·塔力伯重病在床，古萊氏的權貴人士前來看他，名為探病但事實上他們是想利用機會再度對阿布·塔力伯施壓，他們說：「你知道我們和你侄子之間的衝突，你目前如此病重，何不為我們協議，讓我們互相都不再打攪對方，他不犯我們的神靈我們也不犯他，各退一步如何？」阿布·塔力伯清楚他們的語意，於是命人找來了自己的侄子穆罕默德 ﷺ，並且告訴他古萊氏人的提議。穆聖 ﷺ 聽完後清楚地表態說：「我只說一句，那就是你們說：『萬物非主，唯有安拉ﷻ！並且放棄崇拜偶像。』」古萊氏的人聽完諷刺地拍手說：「你要我們只信奉一個神而且放棄我們祖先所崇拜的神靈？」古萊氏的人無法接受穆聖ﷺ的要求，議論之後他們說：「這個人根本無心和我們和解，他根本不讓步，所以沒辦法協議。真是這樣我們還是照我們祖先的方法來，真主ﷻ會在我們之間做出裁決。」阿布．塔力伯在臨死之前仍舊支持穆聖ﷺ並且說出肺腑之言，他說：「我的侄子啊！其實你的這個要求並不過分。」伯父的一番話使穆聖ﷺ對古萊氏的立場更加堅定了。

就在此時，真主ﷻ降下《古蘭經》38 章：1-8 節：

「刷德，憑這尊貴（充滿警告）的古蘭，(+)但是不信的人卻在自高自大，並（存心）分裂宗教。(+)我曾在他們以前毀滅了多少代人！當他們呼號（求恕）時，他們已經沒有時間逃避了。(+)現在他們由於從他們自己人當中來了一位警告者而感到奇怪，不信的人說：『這（人）是一個巫師，一個騙子。』(+)『他要把（所有）的神變成一個嗎？的確這真是一件令人奇怪的事！』(+)他們中的貴族們起身說：『你們走罷！你們堅忍著崇拜你們的眾神靈罷！這確是一件前定的事。(*)在最後的宗教中，我們沒有聽見這種話，這種話只是偽造的。(*)難道教誨降於他，而不降於我們嗎？』不然！他們對於我的教訓，是在懷疑之中，不然！他們還沒有嘗試我的刑罰。(*)」

面對著這位即將離世的伯父，穆聖想到當年伯父的家境並不寬裕，卻在他失去雙親及摯愛的祖父之際，接下養育的重任；又想到伯父曾如何竭盡全力的保護他，使他不受古萊氏的打壓與欺負；想到伯父一生的種種慈愛……此時，他當然希望伯父在這個關鍵時刻能做出正確的決定 —— 接受伊斯蘭。伊瑪目阿爾．貝伊哈基傳述到當時的情形：穆聖 ﷺ 走到阿布．塔力伯的床前對他說：「噢！伯父！你說萬物非主，唯有安拉 ﷻ 這個作證詞，有此我才能為你和真主 ﷻ 說情。」

本．伊司哈葛傳述道：「穆聖 ﷺ 走向他即將死亡的伯父阿布．塔力伯的床前對他說：『噢！伯父！你說萬物非主，唯有安拉 ﷻ 這個作證詞，好讓我在復活日被允許為你說情！』聽完他的話阿布．塔力伯知道自己的侄子非常希望自己能說出作證詞，他告訴穆聖 ﷺ：『侄子啊！我以真主 ﷻ 之名起誓！我若不是害怕使你祖父的子嗣們蒙受恥辱、讓古萊氏的人以為我貪生怕死，那麼我會說出作證詞，但也只是為獲得你的歡喜。』」

對阿布．塔力伯臨終前的這段歷史有另外一段傳述，其中提到當穆聖 ﷺ 希望伯父阿布．塔力伯能說出作證詞好讓他在審判日為伯父作證時，阿布．折害當時也在旁，他忙著接口對阿布．塔力伯說：「噢！阿布．塔力伯！你難道要背棄你父親阿布得．阿爾．穆塔力伯的信仰嗎？只要真主 ﷻ 不禁止我，那麼我會為你和真主 ﷻ 求情的！」當時阿布．塔爾哈（Abū Ṭalḥah）和其他古萊氏的人也拚命地說服阿布．塔力伯，要他不可背棄父親阿布得．阿爾．穆塔力伯的信仰，直到阿布．塔力伯對族人們保證他不會改變自己的信仰。最後穆聖 ﷺ 沉重地對阿布．塔力伯說：「只要真主 ﷻ 不禁止我，那麼我會一直為你求情。」穆聖 ﷺ 說出這句話不久真主 ﷻ 便降下這段經文，《古蘭經》28 章：56 節：

「的確，你不能引導你所喜愛的人，但安拉 ﷻ 卻引導他所要者，他是最知得正道者的。」[§]

《古蘭經》9 章：113 節：

「先知和信士們，既知道多神教徒是火獄的居民，就不該為他們求饒，即使他們是自己的親戚。」[*]

在這段經文中真主 ﷻ 非常清楚地禁止穆斯林為死去的非信徒說情，但這段經文在被傳述的地點和時間上學者們有不同的看法。有些經注學家們認為這段經文是在麥加被降示的，又有些學者們認為穆聖 ﷺ 為伯父阿布．塔力伯求情了一段時間以後，這段經文才在麥地那被降下，穆聖 ﷺ 才停止為他求情。可信度最強的傳述則屬伊瑪目阿止．扎爾咖尼（Imām az-Zarqānī），他認為這段經文是在麥加被降下，真主 ﷻ 的禁令到時穆聖 ﷺ 馬上停止為阿布．塔力伯求情。另外有一段可靠度弱的傳述是由本．伊司哈葛傳述阿爾．阿巴斯的傳述說：「當阿布．塔力伯的死亡臨近時，我看見阿布．塔力伯動了動他嘴唇，於是我把耳朵湊近阿布．塔力伯的嘴想聽聽他說些什麼。」之後阿爾．阿巴斯對穆罕默德 ﷺ 說：「我的侄子啊！我以真主 ﷻ 之名起誓！我的兄弟說了你要他說的話。」這時穆聖 ﷺ 回答他：「我沒有聽見。」這段對話被視為羸弱的傳述，因為阿爾．阿巴斯當時尚未入教而且傳述鏈並不完整。

由此可以確定的是阿布．塔力伯最終還是沒有皈信伊斯蘭教，而是以非信徒身分而去世。但這對他的兒子阿里而言，並沒有減少他的價值，因為阿里是屬於第一批接受伊斯蘭教的信士，而且是年紀最小的一位，更是十位被承諾將進入天堂的信士之一。阿里從小就被穆聖ﷺ接到家中同住，是穆聖ﷺ親自輔養教育長大的，他耳濡目染了穆聖ﷺ的一言一行。

當穆聖ﷺ的小女兒法蒂瑪到了已婚年齡時，許多人都希望能娶到她，但是穆聖ﷺ親自作主將最心愛的小女兒法蒂瑪許配給阿里，並且對他說：「雖然許多人都盼望能娶到法蒂瑪為妻，但都為我所拒絕。我只願將法蒂瑪許配給你，你的父親沒有接受伊斯蘭教，這與你無關！」穆聖ﷺ所說的這番話清楚地表示出，信仰為每個人各自的決定無法強迫，每個人必須為自己的決定負責。這是真主ﷻ的信仰，能否進入全憑一把鑰匙，它就是作證詞。相信並說出作證詞的人就得以進入這個信仰，而否定它或沒有說出作證詞的人就無法進入伊斯蘭。

布哈里聖訓集與穆司林聖訓集中傳述真主ﷻ因穆聖ﷺ而減輕了阿布．塔力伯在火獄中的刑罰。伊瑪目阿爾．布哈里與伊瑪目穆司林傳述道：阿爾．阿巴斯問穆聖ﷺ說：「我以真主ﷻ之名起誓！你的伯父在世時經常為你提供保護、為你辯護，那麼你為他做些什麼呢？」穆聖ﷺ回答說：「他在火獄的最小最輕微的階級（Dahdah），火獄之火僅燒至他的腳踝就已經使他的大腦燒得沸騰。要不是因為我的關係，他就會到火獄的最底層去！」穆聖ﷺ的說情將會是對那些應得的人，他ﷺ的說情會使他們容易。

阿布·塔力伯去世後，古萊氏的非信徒們更加肆無忌憚對付穆聖ﷺ，因為他ﷺ已經失去了族人中對他最有力的保護。沒有人再為他抵擋欺壓，宣教的機會與途徑是越加地困難。穆聖ﷺ勇敢地忍耐著古萊氏的非信徒對他的傷害。他們一而再再而三地嘗試阻礙穆聖ﷺ宣教，但是真主ﷻ是不會讓他們得逞的。穆聖ﷺ說：「阿布·塔力伯在世時他們從來無法真正傷害到我」，而在伯父去世之後不管是鄰居們甚至是親戚們，都想方設法地傷害穆聖ﷺ。這些傷害包括在他ﷺ的門前故意丟棄垃圾或在路上設置障礙，不管他們如何地阻撓他，穆聖ﷺ還是繼續努力做著宣教的工作。還是為他的族人們祈求著：「真主ﷻ啊！引導我的族人們走向正道吧！」他用這樣一個慈悲的祈求來應對非信徒對他種種不人道的行為。

13.2 聖妻哈蒂佳的歸真

13.2.1 聖妻哈蒂佳的尊貴及其歸真對穆聖ﷺ的影響

就在穆聖ﷺ剛剛失去對自己最為支持、幫助最大的伯父阿布·塔力伯後不久，聖妻哈蒂佳也驟然去世了。當時正值齋月，是啟示後的第十年。對於他們兩位去世的時間相隔多久？學者的說法不一。有些人認為相隔不過數日，也有另外的傳述是相隔一個月，或者是認為有一個月零五天之久。聖妻哈蒂佳的去世對穆聖ﷺ而言無疑是雪上加霜。穆聖ﷺ的傷痛是如此之深。對這個家而言，哈蒂佳是孩子們的母親、是掌管照料生活瑣碎的女主人，她給予了穆聖ﷺ全部的愛，並為他傾其所有。她既是穆聖ﷺ的摯愛也是他的摯友，她對他相知相惜，在他受到挫折時給予支持、溫暖與安慰，時時給予理解與體恤，並且常為他提供建議，穩固他的信心，她深愛自己的丈夫，體貼、仁慈又非常溫柔的對待他，她用盡所有的財產全力支持他，使他能全心全意在宣教上努力。哈蒂佳更是繼穆聖ﷺ之後第一位接受伊斯蘭教的女信士，這展現出了她對穆聖ﷺ十足的信賴與支持。聖妻哈蒂佳是穆聖ﷺ生命中無可替代非常重要的人。二十五年裡他們過著幸福美滿的婚姻生活，在這段婚姻裡，身為一個丈夫期望能從妻子身上得到的，聖妻哈蒂佳都給了他。聖妻哈蒂佳雖比穆聖ﷺ年長十五歲，但穆聖ﷺ基於對她的深愛，當哈蒂佳在世時他不願同時再娶其他女子，儘管一夫多妻在那個時代的社會中是再平常不過的事。

對穆聖ﷺ而言，他失去的不僅是一位賢淑的妻子，同時也失去了家中的女主人、孩子們的好母親，他的至友。他的椎心之痛我們不難想像！這確實是一個需要極度忍耐的巨大考驗。聖門女弟子哈烏拉．本特．哈提姆（Ḫawlah Bint Ḥātim）問穆聖

ﷺ：「真主 ﷻ 的使者啊！我看你為了哈蒂佳不在人世是如此的傷心。」穆聖 ﷺ 坦誠地回答她說：「是的！她是孩子們的母親，這個家的女主人哪！」

哈蒂佳的去世意味著孩子們失去慈母後的孤苦零丁，這個幸福美滿的家再沒有了女主人。在這個家裡他們共同經歷了二十五年幸福的時光。當年穆聖 ﷺ 娶親時才二十五歲，而今已半百；他與聖妻哈蒂佳度過了他的壯年時期。聖妻哈蒂佳賢慧端莊，品德優良，並為他生下兩男四女。而穆聖 ﷺ 也用他的實際行動證明了對聖妻哈蒂佳的愛，在這二十五年裡他捨不得讓她有一絲一毫的委屈、受傷或抑鬱，他只鍾情於她而不再娶妻納妾，這就是他給聖妻哈蒂佳一個最好的愛的回應。他們雙方都盡力地善待對方並努力地使對方更好。學者們都一致地認為聖妻哈蒂佳是穆民菁英中的菁英。這些女菁英中也包括了穆聖 ﷺ 的女兒法蒂瑪以及所有的聖妻們，她們都是所有穆民的母親。

《古蘭經》33 章：32 節中，真主 ﷻ 降下這段經文給聖妻們：

「先知的妻子們啊！你們不像別的任何婦女，如果你們敬畏真主 ﷻ，就不要說溫柔的話，以免心中有病的人，貪戀你們；你們應當說莊重的話。」(*)

真主 ﷻ 在這段經文特別地強調聖妻們與其他的婦女都不同，因為所有的聖妻們都是非常優秀的女人而其中又以聖妻哈蒂佳與聖妻阿依莎為最。但如果真要將兩人做比較的話，有些學者認為聖妻哈蒂佳的品級高於聖妻阿依莎，但也有學者認為聖妻阿依莎有較高的品級。伊瑪目阿司・蘇布基（Imām as-Subkī）認為應以聖妻哈蒂佳為首，其次為聖妻阿依莎，再其次為聖妻哈芙莎（Ḥafṣah），其餘的聖妻則是相同的。也有的學者選擇不在聖妻們中做比較，他們認為每一位聖妻都是穆民們的母親，怎可在母親們中一比高下呢？應當停止討論，因為她們每一位都是最好、最優秀的。

我們的作者學者阿布・夏赫巴和伊瑪目阿司・蘇布基持相同的看法，認為聖妻哈蒂佳直到生命的最後一直在穆聖ﷺ宣教期間扮演了一個非常重要的角色，她傾其財、力支持穆聖ﷺ以達成真主ﷻ所賦予的使命。伊瑪目阿爾・布哈里和伊瑪目穆司林聖訓集中阿里傳述：我曾聽使者ﷺ說：「（過去），婦女中最傑出者非麥爾彥莫屬；（此時）婦女中最傑出者非赫蒂季莫屬。」[11] 意思是指麥爾彥是她那個時代中最好的女人，而聖妻哈蒂佳（即上文譯為赫蒂季）則是在她那個時期最好的女人。在另外一段伊瑪目阿爾・布哈里和伊瑪目穆司林共同收錄的傳述由阿布・胡萊拉傳述說：「大天使吉布力爾來找穆聖ﷺ，並且對他說：『噢！真主ﷻ的使者ﷺ啊！那是哈蒂佳，她端著一個裝著食物或飲料的容器正朝你走來，當她到來時你告訴她，她的主和她道「色蘭目」（Salām，和平之意）我也向她道「色蘭目」。告訴她一個喜悅

11 出自布哈里聖訓集第 61 篇眾聖語錄 3432。

的訊息，她將在天堂擁有一座用鑽石所建造的房子，那裡既無噪音也不費力。』當聖妻哈蒂佳到來時，穆聖 ﷺ 傳遞了大天使吉布力爾所帶來的訊息，聖妻哈蒂佳回答道：『真主 ﷻ 是賜與和平者，所有的和平都來自於他，回色蘭目給大天使吉布力爾。』」

在這段聖訓裡我們看到真主 ﷻ 特地派遣大天使吉布力爾為聖妻哈蒂佳帶來他的色蘭目，而這份特殊的榮耀與禮物從沒有其他女人或任何聖妻們曾獲得過。這證明了她在真主 ﷻ 那裡享有崇高的品級。伊瑪目阿司・蘇布基以此證明聖妻哈蒂佳為所有聖妻中之最。學者說：「雖然大天使吉布力爾也曾和聖妻阿依莎道『色蘭目』，但聖妻哈蒂佳所獲得的是真主 ﷻ 的『色蘭目』，一份唯獨聖妻哈蒂佳擁有的特殊尊榮。」伊瑪目安・那沙義和伊瑪目阿特・塔巴拉尼在他們的傳述中她的回答則多了一句「Wa ‘alayka Rasūlullāh as-Salām wa raḥmatullāhi wa barakātuh」，大意是願主賜和平於使者，願主將平安與吉慶降臨於你。在這個回答中突顯出聖妻哈蒂佳的高度智慧與教養，她清楚地知道真主 ﷻ 是崇高偉大的造物主，對他「色蘭目」的回答自是不能同一般人一樣。所以她的回答是：「真主 ﷻ 是賜與和平者，所有的和平都來自於他。」而對大天使吉布力爾給她的「色蘭目」則是如對穆聖 ﷺ 的回答一樣：「‘alayhi as-Salām」，和平與他同在。

學者再引述本・馬爾達未（Ibn Mardāwī）的《古蘭經》註中的另一個證明，他傳述穆聖 ﷺ 說：「男子中能稱得上完美的人可謂多矣，女子中能稱得上完美者就數法老的妻子阿喜葉（Āsiyā）

和儀姆蘭（‘Imrān）的女兒麥爾彥（Maryam Bint ‘Imrān）與哈蒂佳・本特・胡維立德三人。至於聖妻阿伊莎的品級貴過其她婦女的比喻，則猶如羊肉泡饃超過其他食品的比喻了。」

羊肉泡饃（Tharied）是當時一種用肉與麵包做出既特別而又極其奢華、最為美味的阿拉伯菜餚。

13.2.2 對聖妻哈蒂佳無止盡的思念

聖妻哈蒂佳的去世不代表她已從穆聖ﷺ的生活中消失。相反的，直到穆聖ﷺ歸真前還是一直忠實於她，不僅經常提到她、讚美她，並且為她做好的都阿以，為她請求真主ﷻ的慈憫。他不僅維繫與她的親戚們的關係，對她的朋友們亦如此。穆聖ﷺ曾建議我們：「你們之中若有人為善，那麼你們應當獎勵他，若不能報答他那就為他做都阿以。」穆聖ﷺ是先師，他教人以善，他忠實地對待所有值得他忠實的人，有哈蒂佳這樣一位心愛的妻子，他對她的忠實更是不在話下！以下我們略舉幾個聖妻哈蒂佳歸真後，在穆聖ﷺ生活中發生的例子，由此可以窺知穆聖ﷺ是如何思念聖妻哈蒂佳。

穆聖ﷺ的大女婿阿布・爾・阿司・本・阿拉比（Abu al-‘Āṣ Ibn ar-Rabī‘，此段簡稱阿布・爾・阿司）。他在白德爾戰役時尚未入教，而他的妻子宰娜卜則已入教。由於夫婦兩人感情深厚，不願因宰娜卜的入教而分開，所以暫時分居；宰娜卜因此回到了父親身邊，她期待著終有一日阿布・爾・阿司會接受伊斯蘭，兩人得以重聚。但就在一個戰役裡阿布・爾・阿司淪為穆斯林的戰俘。宰娜卜一聽見自己的丈夫被俘的消息心急如焚，於是心生一計，將她當年結婚時母親送給她的項鍊送到父親那裡，希望藉著這條項鍊能換回丈夫的自由。穆聖ﷺ一眼就認出這條項鍊當然也理解了女兒的心思，但這舊物也勾起了他對愛妻的深深思念，使他不禁悲從中來。他ﷺ將項鍊給聖門弟子們看，並且說道：「如果你們願意就放走阿布・爾・阿司，同時把這項鍊也還給宰娜卜吧！」此時穆聖ﷺ把決定權留給聖門弟子們，他尊重他們的決定，聖門弟子們也看出了穆聖ﷺ是如何地思念聖妻哈蒂佳，於是便決定放走阿布・爾・阿司，並且把項鍊也歸還給穆聖ﷺ的大女兒宰娜卜。

穆聖ﷺ內心不時地縈繞著對聖妻哈蒂佳的思念之情，時常會不經意地在言語或行動中流露出來，這引起了聖妻阿依莎的醋意。聖妻阿依莎是所有聖妻中年紀最輕的一位，雖然她已備受穆聖ﷺ的寵愛，更況且自她懂事以來她也從未見過哈蒂佳，但是每當穆聖ﷺ提起哈蒂佳時，她還是難掩心中的醋意。伊瑪目艾哈默德和伊瑪目阿特・塔巴拉尼他們都傳述了一段聖妻阿依莎親自傳述的聖訓，她說：「穆聖ﷺ幾乎每天出門前都會提起聖妻哈蒂佳並且對她稱讚不已。有一次當他又再度提起時，我非常吃醋便反駁道：『她不過是個較年長的女人罷了！真主ﷻ給了你更好的女人取代了她！』穆聖ﷺ聞言便生氣的回答道：『我以真主ﷻ之名起誓！真主ﷻ並沒有給我更好的而取代了她。當人們不相信我時，她相信了我；當人們指控我為騙子時，她肯定我的誠實與正直；當所有人背叛我而我一無所有時，她用她所有的金錢財產支持著我；我的子嗣都是真主 ﷻ 經由她賜給我的。』聖妻阿依莎說：『我當時在心裡後悔、懊惱地對自己說：『我再也不要提起冒犯她的言詞了！』」

只要是一絲絲與聖妻哈蒂佳有所關聯的人和事都會引起穆聖 ﷺ 的極度重視。聖妻哈蒂佳有位姐妹名叫哈拉，她的聲音與哈蒂佳非常相似，每回她來拜訪時，穆聖 ﷺ 總是熱情地款待她，面帶微笑、專注地聽著她的聲音，她的聲音使他完全陶醉在對愛妻的回憶裡，他的臉龐泛發出幸福的笑容。

同樣的情形也發生在聖妻哈蒂佳的另一個舊識上，有一回家裡來了一位老婦人，聖妻阿依莎見穆聖 ﷺ 對她噓寒問暖很是客氣，婦人走後聖妻阿依莎好奇地問穆聖 ﷺ 為何對這位老婦人如此重視，不但問起她的生活近況，態度上也非常親切，穆聖 ﷺ 回答她說：「以前她常拜訪我和哈蒂佳。」

13.3 真主 ﷻ 使穆聖 ﷺ 失去摯愛其中所隱藏的智慧

學者阿爾．布提針對穆聖 ﷺ 接連著失去伯父及愛妻的事情，解釋了其背後所蘊含的智慧。穆聖 ﷺ 的伯父阿布．塔力伯與聖妻哈蒂佳是穆聖 ﷺ 在宣教、宣揚啟示與實踐使者的使命上的兩大支柱。一位為穆聖 ﷺ 提供了人身保護，雖說不能完全迴避但多少抵制了一些古萊氏非信徒的欺壓，也藉由他為穆聖ﷺ打開了宣教的管道；另一位則是在家庭裡為他無盡付出、鞠躬盡瘁而在所不惜的人。你或許會問為何真主ﷻ偏偏使這樣有力的兩位支持者在短短的時間內都離開了穆聖ﷺ的身邊呢？

學者說：「這是屬於伊斯蘭信仰學（‘Aqīdah）的智慧。因為倘若阿布・塔力伯還活著並且一如既往地繼續保護、支持著穆聖ﷺ，防止非信徒的詭計得逞，那麼等到日後伊斯蘭成功了，那些信仰根基本來就不甚堅定，理解力又淺薄的人或許會誤以為阿布・塔力伯才是伊斯蘭成功的理由或是一大功臣，相信若不是阿布・塔力伯參與支持了宣教，伊斯蘭不可能成功。但原因是出在這些人對伊斯蘭認主學中的基本信念理解不足。」

第二個問題則是上述提到理解力淺薄的人，這類人往往能力不足但又喜歡品頭論足，高談闊論。他們誤認為穆罕默德ﷺ之所以成功是因為很幸運的有阿布・塔力伯這樣一位有聲威名望的伯父，在他宣教期間為他遮風擋雨，給予他所有的保護，這樣的幸運並非人人都有。事實上穆聖ﷺ與聖門弟子們的宣教道路時時充滿阻力、困境，有時還有脅迫欺壓。真主ﷻ決定使穆聖ﷺ失去這兩位至親，兩個強而有力的支持力量，是為了讓我們看清兩個原則。一是所有的保護與援助、勝利與成就都來自於真主ﷻ，表面上看來真主ﷻ使「某些人」伸出援手，而實質上這些援助是真主ﷻ所給予的，就如同真正的勝利也來自真主ﷻ一般。第二個原則是真主ﷻ承諾他的使者，給予他保護，保護他免於敵人或非信徒的侵襲迫害，不管有沒有人支持或者幫助穆聖ﷺ，他一直是在真主ﷻ的保護與賜福之下完成真主ﷻ所賦予他的使命。但真主ﷻ的保護並不意味著一帆風順沒有苦難、沒有阻撓、沒有困難，而是當非信徒們想方設法謀殺穆聖ﷺ時，真主ﷻ保護他的性命使他們的計劃失敗無法得逞，就如同他們無法阻止伊斯蘭的宣揚一般。

學者用《古蘭經》5 章：67 節證明了上述的論點：

「使者啊！你當傳達你的主所降示你的全部經典。如果你不這樣做，那末，你就是沒有傳達他的使命。真主將保佑你免遭眾人的殺害。真主必定不引導不信道的民眾。」（*）

真主ﷻ保證了對穆聖ﷺ的保護，但如上述保護的兩個原則：一是他的生命安全、二是宣教工作不會中斷。在穆聖ﷺ之前真主ﷻ所派遣的使者與先知們無一不受到非信徒的阻礙、欺壓、迫害，他們都遇到過重重的困難，這就是真主ﷻ的定律。使者們是世世代代追隨者們的榜樣，他們以身作則經歷了真主ﷻ的定律，也因為他們自己也經歷過，所以對後來的追隨者就會容易得多，他們清楚地知道，為了信仰是必須付出代價做出犧牲的。宣教的道路必定是充滿了荊棘，這是每個扛著宣教旗幟為宣教而工作者都必須要有的心理準備，這意味著我們每個人都將面臨考驗。在前面的歷史中我們知道，非信徒甚至趁穆聖ﷺ禮拜時在他的頭上撒滿了沙子，當他ﷺ轉身回家想整理他的儀容時，小女兒法蒂瑪看見了父親被欺負的狼狽樣子，她心裡不捨的哭了起來。穆聖 ﷺ 安撫著她說：「真主 ﷻ 是保護著我的。」這句話並非只是一句安慰女兒的話，而是穆聖 ﷺ 自己確信真主 ﷻ 對他的承諾，他有著絕對的信心。穆聖 ﷺ 在宣教過程中曾受過非信徒無數次的欺負，在他禮拜時他們將血淋淋的駱駝胎盤潑灑在他身上；在他叩頭時他們將灌滿了水的牛胃放在他背上，使他被重壓得無法起身；在他痛失心愛的幼子時他們詛咒他斷子絕孫，誣賴他為騙子、魔術師或瘋子，甚至於逼迫他離開自己心愛的故鄉。然而面對這些種種令他痛心的遭遇，卻從未使他怯懦而停下宣教的腳步。相反的，他的立場從不動搖，無論遇到了什麼挫折他還是為了真主 ﷻ 賦予他的使命繼續努力著。如果拿我們自己切身的經歷來看，我們或許也遭到了一些不公平的對待，謾罵或者也遭遇過挫折，但是與穆聖 ﷺ 的情況相比較，我們則是被過分寵愛的，因為我們在宣教的道路上直至現在並沒有多大的犧牲。

穆聖 ﷺ 哀傷自己伯父阿布·塔力伯在去世前沒有接受伊斯蘭；傷心失去自己摯愛的妻子，這一年對他來說是灰色的一年；但這些還不是令他長期憂傷的主要原因。失去至親固然使他傷心難過，但更令他憂心的是，這一年裡入教的人數與以前相比少了許多。自從伯父阿布·塔力伯去世後推廣伊斯蘭更加地困難，以往一些開放的管道如今封閉了，無法順利推展宣教的工作，他擔心麥加人將無法得到救贖。

真主 ﷻ 深知穆聖 ﷺ 心裡的憂慮，於是降下了這些經文：

《古蘭經》15 章：97-98 節：

「我深知你心中對他們所說的是如何的苦惱。你要贊念你的主，並屬於那些向他叩頭的人。」（+）

《古蘭經》6 章：32-35 節：

「今世的生活，只是嬉戲和娛樂；後世，對於敬畏的人，是更優美的。難道你們不了解嗎？（*）

「我確已知道：他們所說的話必使你悲傷。他們不是否認你，那些不義的人，是在否認真主的跡象。（*）

「在你之前，有許多使者確已被否認，但他們〔使者〕忍受了他們所否認的和迫害的，直到我的援助降臨他們。任何人都不能改變安拉的言語〔判決〕。使者們的消息確已到達你。（#）

「如果他們的拒絕使你難堪，那末，如果你能找著一條入地的隧道，或一架登天的梯子，從而昭示他們一種跡象，（你就這樣做吧。）假若真主意欲，他必將他們集合在正道上，故你絕不要做無知的人。」（*）

學者解釋說：「這就是使者們的道路，他們每一個人所經歷的遭遇都各有不同但是道路是一樣的，不必憂心這些人是否走向正道。真主 ﷻ 在經文中安慰了穆聖 ﷺ，他已經盡力完成使命，這些人固執不願理解去選擇正道拯救自己。使者們只問努力而不問結果，因為結果掌握在真主 ﷻ 那裡。

14.

穆聖 ﷺ 塔亦夫宣教之行

14.1 前往塔亦夫宣教經過及遭遇

同年十月穆聖 ﷺ 決定到麥加附近名叫塔亦夫（aṭ-Ṭā'if）的地方進行宣教。一則是因為近來在麥加宣教的成果並不好，再者也希望塔亦夫地方上的人能接受伊斯蘭、能在那裡有更好的宣教成果。此行由宰德・本・哈力沙（Zayd Ibn Ḥāriṯah）陪穆聖 ﷺ 一同前往，穆聖 ﷺ 到了塔亦夫時首先拜訪了當地的顯要人士，並解釋他來訪的目的以及他使者的身分。可惜沒有一人願意敞開心胸聽聽穆聖 ﷺ 所帶來的消息。有些人用排斥的口吻說：「我寧願把天房的外衣扯下也不願相信你是使者。」其他的則是用溫和但嘲諷的話說：「如果你真是個聖人，那麼我自己怎能有此殊榮和聖人交談呢？再說如果你是個騙子那就更不值得我和你說話了！」這樣的冷嘲熱諷的話語事實上就是表現出了他們對真主 ﷻ 毫無尊重與惡劣的態度。

穆聖ﷺ發現塔亦夫人的心是固執封閉的，他失望地站起來準備離去，離開前他請求這些人不要將他到這裡來的消息告訴麥加人，以防麥加人更加地傷害聖門弟子們。這樣的請求當然沒被這些人所接納，他們甚至唆使孩子們與那些精神異常的瘋子們對著穆聖ﷺ和他的隨從扔擲石頭追逐驅趕他們。這一路宰德嘗試用他的外衣為穆聖ﷺ抵擋四處飛來的岩石，但穆聖ﷺ還是受傷了，他的腳下流出了血，宰德的臉與身體也多處受了傷。他們被一路追趕直到走進了附近的一個葡萄園。這個葡萄園是屬於烏特巴·本·拉必阿和沙以巴·本·拉比阿兩兄弟共有，他們是伊斯蘭的敵人。穆聖ﷺ雖不願，但如今這個情況又不得不暫時到他們的園子裡迴避，當他和宰德坐在樹蔭下休息時，這對兄弟只是遠遠的觀望著他們的情況。

這次的際遇使穆聖ﷺ非常痛心，他曾希望塔亦夫地方上的人能接受伊斯蘭並且能為他提供保護，但他們非但沒有盡應有的待客之道，更糟糕的是還使出這些卑劣不道德的行為，他們對待聖人的這些惡劣行徑，無疑地就是一種對真主ﷻ嚴重侮蔑的態度。

14.2 穆聖ﷺ面對困難遭遇時的作為及真主ﷻ的善賞

穆聖ﷺ為躲避塔亦夫人的追蹤走進了葡萄園，在樹蔭底下他對真主ﷻ表示他相信真主ﷻ的仁慈，所有真主ﷻ意欲發生之事他都能欣然接受，如果剛剛所發生之事是因為自己的行為有所偏差又或者是自己惱怒了真主ﷻ所致，他真心祈求真主ﷻ原諒。本・伊司哈葛記錄穆聖ﷺ的祈禱詞大意如下：

> 真主ﷻ啊！我向你悲述我的脆弱、我在方法上的缺失、我在人前的低下。真主ﷻ啊！你是至仁主，你是弱者與被欺壓者的主，你是我的主。你要把我的命運交給誰？是那些污衊我的人？或者是一個你賦予他力量使他超越我的敵人？只要你不惱怒我，我願意接受你的安排，你的恩惠是我所有的祈求。我在你尊榮的光中尋求你的佑助，你的榮光照亮了所有的黑暗，使今世與後世一切安排得當。我願使你歡喜直到你滿意為止。惟有你有此權力，我無法無力，只靠真主ﷻ。

穆聖ﷺ的祈禱詞中證實了他對真主ﷻ的信仰忠誠，他對真主ﷻ絕對信任與絕對謙卑。真主ﷻ在《古蘭經》中提到，他祝福穆聖ﷺ也命令天使與信士們為穆聖ﷺ祈福。學者解釋說：「真主ﷻ的祝福（Salla）是對穆聖ﷺ永久的憐憫。而天使的祝福是請求真主ﷻ給予信士永久的寬恕，真主ﷻ命令人們對穆聖ﷺ以祝福的方式給予和平的問候。」學者解釋說：「真主ﷻ和天使們為穆聖ﷺ的祝福是直接的，而我們的祝福是間接的。如我們在禮拜中為穆聖ﷺ祝福時我們說：「Allāhḥumma...」，我們說：「真主 ﷻ 啊！我們求你賜福給穆聖 ﷺ 及其家人。」我們以真主 ﷻ 的尊名請求真主 ﷻ 將我們祝福傳遞給穆聖 ﷺ。那是因為只有真主 ﷻ 清楚了解穆聖 ﷺ 他的品級與價值有多麼的崇高，而我們是無法理解的。我們在贊聖詞的開頭時「Allāhḥumma」（真主 ﷻ 啊！）而不是「Uṣallī」（我祈求），信士們無法了解穆聖 ﷺ 他的品級與價值，那麼就更別說是非信徒無法辨識了。

就在穆聖 ﷺ 剛說完他的祈禱詞後，真主 ﷻ 立刻減輕了他的負擔。葡萄園的主人們原本對穆聖 ﷺ 是非常敵對的，他們視他為敵人而且拒絕接受他所帶來的訊息。但就在他們看見孩子們對他無理地扔擲石頭，他無助地對真主 ﷻ 祈禱時，真主 ﷻ 在他們的心中燃起了憐憫之情，於是他們命令他們的奴隸阿達司（‘Addās）從園裡摘下一串葡萄送去給他。穆聖 ﷺ 接過葡萄時說了一句：「Bismillāh。」（奉至仁至慈真主 ﷻ 之名開始）這位阿達司是個信奉基督教的奴隸，他一聽到穆聖 ﷺ 說「Bismillāh」，他驚訝地說：「在這附近我從未聽到有人這麼說。」他接著自我介紹說：「我是個基督徒，我來自乃那瓦（Nīnawā，位於伊拉克境內的一個城市）。」穆聖 ﷺ 說：「乃那瓦那個城市曾有一位正義之士名叫尤尼斯・本・馬塔（Yūnus Ibn Mattā）。」阿達司更驚訝的問：「你怎麼會知道尤尼斯？」穆聖 ﷺ 回答說：「他是我兄弟。他曾是先知而我也是先知。」阿達司聽完穆聖 ﷺ 的話興奮地上前去擁抱他並且親吻他的頭、手和腳。這個突如其來的消息使阿達司臣服了。而在遠處觀望的主人們則是氣憤地相互指責說：「看吧！他毀了你的僕人啦！」當阿達司走回主人身旁時，主人馬上生氣地責問他：「阿達司你幹了什麼好事？你真糟糕！你居然親吻那人的手腳！為什麼？」阿達司回答道：「主人啊！沒有比他更好更尊貴的人啊！他告訴了我一件事，一件只有先知才知道的事！」這些話阿達司的主人根本沒聽進去，只是一味地唸叨：「你真糟糕啊！阿達司。他會使你離開你的信仰啊！」他們哪裡知道其實阿達司在還沒回到他們身邊時，早已說出作證詞接受了伊斯蘭，因為他認出了穆聖ﷺ的真實身分。

學者阿爾．布提說：「真主ﷻ賜給了穆聖ﷺ塔亦夫之行兩個禮物。一個就是阿達司的入教，他雖然是個僕人有著卑微的身分，卻能從一句「Bismillah」（奉至仁至慈真主ﷻ之名開始）的話認出穆聖ﷺ是位先知，並且馬上接受伊斯蘭，足見他的智慧。而他的主人們雖是有權有勢的顯要人士卻聽不進真主ﷻ的訊息。阿達司是真主ﷻ賜給穆聖ﷺ在塔亦夫宣教時的第一個禮物。表面上看來穆聖ﷺ此行到塔亦夫是徒勞而返，但是背後卻隱藏著真主ﷻ的巨大賞賜。除了阿達司肯定了他聖人的身分之外，緊接著真主ﷻ又為他安排了另外一個禮物。

14.3 從塔亦夫返回麥加途中的際遇

14.3.1 穆聖ﷺ的善良與寬容

阿達司接受伊斯蘭的這件事雖給穆聖ﷺ心裡帶來一些快樂與欣慰，但是他ﷺ離開塔亦夫時心還是無比沉重，他傷心沒能讓塔亦夫當地的人接受伊斯蘭。當他走近一個叫嘎爾恩・阿撒・阿力伯（Qarn aṯ-Ṯa‘ālib）的地方時，他抬頭一看，看見了大天使吉布力爾。大天使吉布力爾對他說：「你的主派遣我來找你，這個部落的人對你的所作所為，他都看見了，這兩山的天使聽從你的命令」，兩山的天使這時問候穆聖ﷺ並說：「噢！聖人啊！我們任你差遣。你若願意我們可使兩山擠壓在一起，那時無人可倖免。」穆聖ﷺ拒絕了他們並祈禱著說：「我希望他們的後人能崇拜真主ﷻ，並且不為他舉伴。」

布哈里聖訓集與穆司林聖訓集中共同收錄了一段聖訓，聖妻阿依莎傳述道：「我問穆聖ﷺ他有沒有經歷過比烏胡德（Uḥud）戰役更難更使他心痛的日子呢？穆聖ﷺ示意了是塔亦夫之行，那天真主ﷻ還特地派來管理群山的天使想摧毀塔亦夫地方上的人們予以懲戒。但他ﷺ不希望這一族人就此被毀滅了，而是期許他們的後代子孫能崇拜真主ﷻ敬事真主ﷻ。」

在另一段傳述中則說道：「天使們聽完他ﷺ的祈禱後說：『你果真如真主ﷻ所說的「Ra’ūfur-Raḥīm」是仁愛的、至慈的。』」在《古蘭經》中真主ﷻ也用這兩種特性來形容穆聖ﷺ。

學者說：「以一般常人來看，若是有人受到了像穆聖 ﷺ 在塔亦夫的遭遇而現在有了復仇的機會時，十之八九會選擇報復，但穆聖 ﷺ 只知道愛與仁慈、溫柔與寬恕，絕非報仇，這就是我們的穆聖 ﷺ。從他的身上我們學習如何對待周遭的人與真主 ﷻ 的創造物。」

14.3.2 精靈的皈依

在返回麥加的路上，穆聖 ﷺ 經過那賀拉（Naẖlah）時停留了一些時間，他在那裡做了禮拜以及誦讀了《古蘭經》，這裡離麥加不遠。正當穆聖 ﷺ 禮拜讀經時，一群來自那西賓（Nasibien）的七位精靈經過了那裡，他們停下來仔細地聆聽穆聖 ﷺ 讀經之後，便繼續往夏姆一帶前進。當他們回到族裡後他們和族人們敘述聽到了優美的《古蘭經》一事，在聖人穆薩受到啟示後如今這位使者又受到了新的啟示，這些精靈告訴族人們他們已經相信了穆聖 ﷺ，接受了伊斯蘭的這個信仰並且告訴族人們應該也接受它。對於精靈們聆聽讀經之事，穆聖 ﷺ 則全然不知。既沒見到精靈也不知道精靈們已經接受了伊斯蘭的事實，直到真主 ﷻ 在啟示中告知了穆聖 ﷺ 這件事。這些精靈們接受了伊斯蘭的地點就是現今離天房不遠的精靈清真寺（Masğid al-Ğinn）的所在。真主 ﷻ 告知穆聖 ﷺ 精靈們聆聽他讀經之事並且已經接受了這個信仰。

這段歷史在《古蘭經》46 章：29-32 節中被提到：

「當時，我曾使一夥精靈，走到你面前，來靜聽《古蘭經》。當他們來到了他面前的時候，他們說：『大家靜聽吧！』誦讀既畢，他們就回去警告他們的宗族，他們說：『我們的宗族啊！我們確已聽見一本在穆薩之後降示的經典，它能證實以前的天經，能指引真理和正路。我們的家族啊！你們當應答真主的號召者，而歸信真主，真主將赦宥你們的一部分罪過，並使你們得免於痛苦的刑罰。不應答真主號召者的人，在大地上絕不能逃避天譴，除真主外，他們絕無保護者，這等人是在明顯的迷誤中的。』」（*）

當穆聖ﷺ和宰德一路往麥加走時，宰德用不安的口吻問穆聖ﷺ：「噢！真主ﷻ的使者啊！在他們欺壓你迫使你出去另尋地方之後，你現在又回到了這裡，你現在要如何做呢？」穆聖ﷺ聽出了宰德話中的不捨與猶豫。他是要告訴穆聖ﷺ這些麥加人的心依舊是頑固封閉的，你無法找到開啟他們的道路，我們難道要回到那個折磨我們、使我們痛苦的地方嗎？這時穆聖ﷺ堅定又充滿信心的回答他說：「噢！宰德！你現在所看見的困境，真主ﷻ定會使我們容易並且給予我們出路。他一定會使他的訊息、使這個信仰成功，並且給予他的使者支持幫助。」穆聖ﷺ在面對困難之際對真主ﷻ絲毫沒有失去信心，他確信他一定會達成真主ﷻ賦予他的重責大任，而且真主ﷻ也一定會幫助他。

學者阿爾．布提說：「塔亦夫一行穆聖ﷺ不僅受到各種的欺侮，身體上也受到了傷害，表面上看起來是失敗的，不僅塔亦夫的人沒有接受伊斯蘭這個信仰，甚至沒有接受穆聖 ﷺ 的懇求，迅速地將他到塔亦夫宣教的消息傳至麥加人耳中，更派他們的孩子們和瘋子用石頭來驅趕他們。塔亦夫一行對世代的穆民而言是一個教誨！我們都應該像穆聖 ﷺ 一樣。如同穆聖 ﷺ 所承擔的這一切是要教導所有的穆民，我們一定會面對各種的困難也必須承受不同的考驗，塔亦夫一行是忍耐的一種表現，穆聖 ﷺ 在面對各種磨難時為我們做了最好的榜樣，那就是忍耐，那是一種耐心的藝術。」

另外學者阿爾·布提更強調說：「當宰德猶豫地問穆聖 ﷺ：『噢！真主 ﷻ 的使者啊！在他們將你推開又迫使你出去另尋地方之後，你現在又回到了這裡！你現在要如何做呢？』這個問題時，穆聖 ﷺ 一如既往態度清楚的表示他堅決地相信真主 ﷻ 一定會使他的訊息成功並支持幫助他的使者，這也是提醒所有的穆民，在宣教的過程中如果遇到困難絕不能失去對真主 ﷻ 的信任，也絕不能使自己對真主 ﷻ 有一絲懷疑，相反的是更讓我們確信情況越是艱難意味著我們越是走在穆聖 ﷺ 的道路上了。穆聖 ﷺ 遇到劣勢時，他明白了這是真主 ﷻ 的定律所以他忍耐並且對真主 ﷻ 的信任絲毫不減，同樣的這個精神也是我們所有的宣教者都應該具備的。我們的希望不寄於在自己的能力上，而是在真主 ﷻ。一個只相信憑藉自己能力的人，做事不成功便很容易得憂鬱症，因為他與真主 ﷻ 的力量沒有關聯；但是一個依賴真主 ﷻ、相信真主 ﷻ，並在主道上努力工作的僕人，他是與真主

ﷻ 的力量連繫在一起，他知道是真主 ﷻ 決定了一切。」

14.4 穆聖 ﷺ 返抵麥加由阿爾・木塔阿姆・本・阿帝提供他人身保護

穆聖 ﷺ 人還未回到麥加但他到塔亦夫宣教的消息卻早已傳回到麥加，麥加的非信徒們非常忿怒，他們認為他在城外尋求援助，就是對外宣稱麥加人壓迫了這些穆斯林，於是決定阻擾他進入麥加城。穆聖 ﷺ 感覺出麥加人有所計劃，於是他派阿布都拉・本・阿爾・烏拉依格特（‘Abdullāh Ibn al-Urayqiṭ，此段簡稱阿布都拉）向阿爾・阿賀那司・本・夏力各（al-Aẖnas Ibn Šarīq，此段簡稱阿爾・阿賀那司）請求保護，但遭到拒絕。因為阿爾・阿賀那司早已和古萊氏的人達成協議。他是不可能保護古萊氏的敵人的。穆聖 ﷺ 再派阿布都拉到蘇海爾・本・阿莫爾（Suhayl Ibn ‘Amr）那兒尋求保護，也被以同樣理由拒絕。穆聖 ﷺ 再派阿布都拉到阿爾・木塔阿姆・本・阿帝（al-Muṭ‘im Ibn ‘Adī，此段簡稱阿爾・木塔阿姆）那兒尋求保護，阿爾・木塔阿姆同意了穆聖 ﷺ 的請求，於是在阿爾・木塔阿姆的保護下穆聖 ﷺ 得以順利進入麥加，那晚穆聖 ﷺ 便在阿爾・木塔阿姆家中過夜。隔天一早阿爾・木塔阿姆讓穆聖 ﷺ 走在中間，由六、七人手持利劍保護著他一起走到禁寺，阿爾・木塔阿姆告訴穆聖 ﷺ：「你繞行天房吧！」他已將他的手下分佈在天房四周以防有人欲接近穆罕默德 ﷺ 並且傷害他，這時阿布．舒非安（Abū Sufyān）走近阿爾．木塔阿姆的身旁不懷好意地說：「你就是那個為他提供保護的人啊？你相信他了嗎？」阿爾．木塔阿姆回答道：「我不過是為他提供保護罷了！」阿布．舒非安威脅著說：「那既然如此，之前我和你之間的協訂與條約都作罷吧！」阿爾．木塔阿姆在天房前等待穆聖 ﷺ 直到他繞行天房完。穆聖 ﷺ 對阿爾．木塔阿姆當時出手相助的這段義行久久不忘。白德爾戰役時阿爾．木塔阿姆的兒子祖貝爾淪為穆斯林的戰俘，他被帶至穆聖 ﷺ 的面前，穆聖 ﷺ 見到祖貝爾感念著說：「如果今天阿爾．木塔阿姆還活著，即使他在我面前說出污言穢語我仍然會還他自由身。」穆聖 ﷺ 在這裡所指的污言穢語是指那些崇拜以木頭石頭為偶像，為真主 ﷻ 舉伴的話語。哈桑．本．撒必得（Ḥassān Ibn Ṯābit）在一首為讚美穆聖 ﷺ 所寫的詩中也對阿爾．木塔阿姆當初在那樣的情況下仍然不遺餘力幫助穆聖 ﷺ 的義行表示讚揚。

14.5 穆聖 ﷺ 塔亦夫之行對後人的啟示

14.5.1 遭遇困難必須學習忍耐

學者阿爾．布提認為穆聖 ﷺ 在麥加所受到種種壓迫的這些事，對千百年後的所有穆斯林都是一個借鏡。穆聖 ﷺ 教育了我們在面對困難的時候，必須要有耐心。這如同一個旅行，旅行之中最需要的便是忍耐。甚至在面對災難時，忍耐更是一種藝術。穆聖 ﷺ 用實際的行動教導我們，真主 ﷻ 也要求我們在必要時忍耐。真主 ﷻ 在尊貴的《古蘭經》中不斷地提到他鍾愛有耐心的信士，他與有耐心的信士一起：

《古蘭經》3 章：200 節提到：

「信道的人們啊！你們當堅忍，當奮鬥，當戒備，當敬畏真主，以便你們成功。」（*）

在功修上穆聖 ﷺ 告訴我們：「你們要禮拜就如同你們看到我如何禮拜的一樣。」他 ﷺ 用行動、用言語示範教導聖門弟子們如何禮拜。相同的他 ﷺ 也告訴我們：「跟我學習朝覲的事宜。」就如現在他在塔亦夫遇到這樣的困境，他說：「跟我學習忍耐！好讓你們在遇到困難問題時，得以應對。」所以每個穆斯林都必須學習忍耐，隨時準備面對考驗、克服考驗，在這個時候他能尋求的庇護與出路就是向真主 ﷻ 求助做好的都阿以。都阿以是一種功修，也是功修中的核心。越在困境中越向真主 ﷻ 表示自己的脆弱與不足並且只向他求助，同時也對真主 ﷻ 表示完全能接受此現狀，並且滿足於他的安排。對穆聖 ﷺ 而言，他最在意的莫非是真主 ﷻ 是否對他滿意？只要真主 ﷻ 不惱怒，其他的他一概都能接受。

塔亦夫之行就是最好的證明，天使們提議摧毀塔亦夫的非信徒而穆聖 ﷺ 婉拒了他們，他說：「我希望他們的後人們能崇拜真主 ﷻ 並不為他舉伴。」穆聖 ﷺ 在這樣的情況下還是沒有放棄宣教，他教導我們真主 ﷻ 在信仰的道路上會支持著我們。

在本・伊司哈葛所記載穆聖 ﷺ 的祈禱詞中，顯現出穆聖 ﷺ 的耐心以及對於真主 ﷻ 的前定他是如何地坦然接受並且感到滿意，在真主 ﷻ 的面前他表現出自己的脆弱與謙卑，這就是功修。

穆聖 ﷺ 在他這次的經歷中教導我們兩件事，就是不管遇到任何困難、災難、痛苦的經歷，第一就是忍耐，第二就是尋求真主 ﷻ 的庇護，表現出我們的恭敬、謙卑與無助，祈禱他的支持與幫助。學者阿爾・布提說道：「我們若仔細研究探討穆聖 ﷺ 生命中不同的階段、不同的情況，看每回他與族人之間、與非信徒之間的相會與激烈的辯論，就會發現無論在他遇到困難或屢次遭受拒絕，甚至是被以暴力或激進的方式對待時，真主 ﷻ 每次都回應了他、安慰了他 ﷺ。」上面的例子中我們就可以看出這兩次真主 ﷻ 的回應。

14.5.2 聖門弟子對穆聖 ﷺ 的保護及對信仰的堅定維護

接下來學者與我們探討一個畫面也就是「……當塔亦夫的非信徒唆使孩子們與那些精神異常的瘋子們對著穆聖 ﷺ 和他的隨從宰德扔擲石頭時。宰德的臉和頭都已負傷，他的第一個反應是嘗試用他的外衣替穆聖 ﷺ 抵擋四處飛來的岩石……」對穆聖 ﷺ 這樣的保護性行為是一種模範行為，但這樣的行為，我們不僅是在宰德的身上可以看到，而是所有的聖門弟子們不分男女，為了不讓穆聖 ﷺ 受到傷害他們都是隨時準備好為了保護穆聖 ﷺ 不惜冒險、甚至犧牲自己的生命。為保護穆聖 ﷺ 而做的準備是必要的，因為穆聖 ﷺ 是最後一位使者與先知，他所帶來的啟示也是最後一份啟示。學者阿爾．布提說道：「現今的穆斯林和聖門弟子們的責任不同，不用為保護穆聖 ﷺ 的生命安危而戒備，但是為了保護、防衛與支持穆聖 ﷺ 所帶來的訊息，也同樣要付出代價與犧牲並以忍耐的態度面對，這就是我們現今的功課。它就如同聖門弟子們在當時用盡所有的方法去保護穆聖 ﷺ 一樣。在每個時期都有穆斯林的領導者，他們身扛穆聖 ﷺ 的旗幟，他們扮演著穆聖 ﷺ『代理人』的角色，繼續地努力宣教，對這樣的領導者我們每個穆民都有義務去保護他們的生命安全。在他們面臨困難危險時給予幫助，無論是物質上或精神上的支持，就如同聖門弟子們對待穆聖 ﷺ 一般。」

14.5.3 相信精靈的存在

接下來我們要學習的課題是相信精靈的存在，雖然我們看不見他們，但那是因為我們的視力沒有足夠的能力看見他們，而他們的確是存在的。對每個穆斯林來說相信精靈的存在是必須的，也是義務，因為《古蘭經》中證明了它的存在。在《古蘭經》未被啟示前，精靈們曾偷竊真主 ﷻ 給予天使們隱藏的消息，並且將它們公諸於世，但在穆聖 ﷺ 獲得了啟示之後他們就再也沒有能力獲得消息。穆聖 ﷺ 所遇見的這七位精靈們就是為了打探消息而旅行，他們想了解到底發生了什麼事？是什麼讓他們無法繼續探知「隱藏的消息」？但當他們聽到穆聖 ﷺ 頌讀《古蘭經》時，他們才了解這就是他們所尋找的原因。於是他們追隨了穆聖 ﷺ 並且告訴他們的族人也讓他們接受伊斯蘭。每個穆斯林都有義務相信精靈的存在，就如同真主 ﷻ 創造了其他的被創造物一樣；精靈也有義務侍奉真主 ﷻ 就如同人類必須遵循真主 ﷻ 的訊息一般。我們看不見精靈但是他們看得見我們，看不見不足以證明它不存在。這就是真主 ﷻ 為穆聖 ﷺ 安排的第二個禮物。

15.

關於登霄

就在穆聖 ﷺ 接連失去生命中兩位摯愛並於塔亦大宣教失利而感到心力交瘁之際，真主 ﷻ 為穆聖 ﷺ 預備了一個前所未有的奇蹟（Muajisə）以安慰穆聖 ﷺ，並使他在困境中容易及對真主 ﷻ 更加的信賴。

真主 ﷻ 讓穆聖 ﷺ 做了一個橫跨大地與天地之間橫向與縱向的旅行，從開始到結束真主 ﷻ 為他打破了自然定律，不僅使他在短短時間裡奇蹟似地從麥加到耶路撒冷，進而在登霄過程中經歷了每一層天的特殊際遇，甚至到達第七層天之上的無極林（Sidrah al-Muntahā），這些都是前所未有的。真主 ﷻ 讓穆聖 ﷺ 大開眼界，親身經歷到了一些非常特別的跡象，甚至是其他的先知聖人都沒有經歷過的。這些巨大且震撼的經歷讓他忘卻了所有的憂愁和煩惱，使他的心充滿了光亮、希望與安全感。在見到這些跡象後，他更加的確定這位造物主既然能夠創造這些他親眼所見的，而他所見的又只不過是安拉 ﷻ 所創造的其中一部分罷了，他知道真主 ﷻ 力量之巨大是完全超出人所能想像的，真主 ﷻ 絕對能支持他保護他，真主 ﷻ 確是唯一的主、永恆的主。這個奇蹟給予穆聖 ﷺ 十足的信心繼續全力以赴地做宣教工作。他確信伊斯蘭終將勝利。

15.1 夜行與登霄的定義

穆聖 ﷺ 在那一夜的旅行分為兩個部分，第一為夜行，《古蘭經》中對它做出敘述，並以它為《古蘭經》其中一章命名。第二為登霄，真主 ﷻ 告知我們關於這部分的經歷。

從麥加到耶路撒冷的旅行是一趟需要長達兩個月行程的旅行，而真主 ﷻ 卻使穆聖 ﷺ 在那一夜短暫的時間中實現了從麥加到達耶路撒冷再返回的奇蹟，以自然定律來說這是不可能的。

Isrā'—— 夜行，字面上來說可分為 Asrā 與 Sarā 這兩個字。意義上可解釋為在夜間行走。有一部分的學者們詮釋這兩個字認為 Asrā 是指在上半夜裡行走，而 Sarā 是指在下半夜裡行走。大多數的阿拉伯語文學家們認為這兩個字的意義上是相同的，指的是在夜間行走。

Mirāǧ—— 登霄，字義上指的是那一夜裡的第二段的旅行。在這段旅行中穆聖 ﷺ 從大地被抬起至天上，直到第七層天。在那裡一天禮五番拜的義務定了下來，之後他被派遣回到大地，從遠寺[12]回到麥加，回到他的床上。

這兩段旅行的一開始由大天使吉布力爾來找穆聖ﷺ並陪伴他繞行天房，騎上天馬從天房飛到遠寺，從遠寺到第七層天直至後來回到麥加。根據傳述這段旅行從一開始直到穆聖ﷺ返家，他的床仍然是溫的，這意味著真主ﷻ的時間長度和我們是不同的。

15.2 對這兩段旅行強而有力的證明

第一段的旅行既是在《古蘭經》中被提及，也有眾傳聖訓證明。

至仁至慈的真主ﷻ在《古蘭經》17 章：1 節提到：

「讚美真主，超絕萬物，他在一夜之間，使他的僕人，從禁寺行到遠寺。我在遠寺的四周降福，以便我昭示他我的一部分跡象。真主確是全聰的，確是全明的。」（*）

經文注釋：

真主ﷻ在這一段經文中以「讚美真主，超絕萬物」開始，只有真主ﷻ值得被讚美，因為只有真主ﷻ有能力使這樣的旅行發生。既是驚嘆這個不可思議的旅行，又是讚嘆那位使這個旅行成為可能的創造主。真主ﷻ強調這個旅行在「一夜之間」發

---

12 遠寺即今日耶路撒冷的金頂清真寺。

生，重點在它所用去的時間不是整個夜晚而是一部分。而「僕人」意指穆聖 ﷺ，真主 ﷻ 在這一夜賜予僅僅給他一人的特別賞賜，使不可能的變成可能，但他仍然是人，是真主 ﷻ 的僕人。他保持他僕人的身分，他所經歷的完全是由於真主 ﷻ 的意願。這也用來警告其他的人，不要在讚嘆這一切的同時將穆聖 ﷺ 神化，如同以前先知的例子。真主 ﷻ 昭示穆聖 ﷺ 他一部分跡象，而非所有的跡象，這些跡象包括了火獄中的景象，火獄的每一層中對於犯罪人刑罰的種類，也包括了天堂中為信士們所準備的享樂與賞賜，真主 ﷻ 使穆聖 ﷺ 見到的這些跡象都是為了安定他的心並在他的心中注入光明。真主 ﷻ 確是全聰的，確是全明的。他觀察著誰相信了這個事件，誰否認了這個事件。此次旅行發生的地點是在禁寺和遠寺，這兩個地方都是備受賜福之地，遠寺是因它和禁寺兩寺之間的遙遠距離而得名。真主 ﷻ 在遠寺的四周降福，所降下的不僅有世俗的、也有靈性的祝福，在靈性方面是因為先前許多的先知聖人們都來過這裡，有些在遭受自己族人驅逐之後，選擇遷徙到遠寺附近生活。禁寺、聖寺、遠寺是為三個最受推薦應去造訪的地方。遠寺的周遭是一個綠意盎然、有河有湖自然風景非常美的地方，它不僅環境幽雅，更是一個神聖受賜福之地。

第二段的旅行登霄是被許多正直、值得信賴的傳述人所傳述，幾百年來穆民承認相信並且接受這些眾傳聖訓的內容。如果我們在兩個最重要的聖訓來源（穆司林聖訓集與布哈里聖訓集）

的其中之一看到了關於登霄的眾傳聖訓，就足以使我們相信這段歷史的確發生過，更何況是兩大聖訓集中共同傳述了關於登霄的聖訓。收錄相關聖訓的還有許許多多的聖訓學家們、專門研究穆聖傳的專家學者們、作者們，他們都將這段聖訓收藏在自己的著作當中。

有些學者認為《古蘭經》中有些經文所指的便是登霄這段旅行，雖然沒有如第一段的夜行那樣直接明瞭的證明，但是卻有《古蘭經》中的經文間接地指出了登霄的這段旅行，例如：《古蘭經》53 章：12-18 節：

「難道你們要為他所見的而與他爭論嗎？他確已見他二次下降，在極境的酸棗樹旁，那裡有歸宿的樂園。當酸棗樹蒙上一層東西的時候，眼未邪視，也未過分；他確已看見他的主的一部分最大的跡象。」（*）

15.3 對於登霄的傳述人

夜行與登霄的這兩段旅行為許許多多的聖門弟子們所傳述，許多非常值得信賴而且非常嚴謹仔細的聖訓學者們都將聖門弟子們對這段歷史所做的傳述收錄在他們的聖訓集中。不僅專精於聖訓的大伊瑪目們如此，精通於經注學的伊瑪目們也都在他們的經注學書籍中收錄了它們並且他們自己也傳述，這些人當中包括有六大聖訓學者和其他的大學者們：

- 伊瑪目阿爾·布哈里
- 伊瑪目阿特·鐵爾密濟
- 伊瑪目穆司林
- 伊瑪目安·那沙義
- 伊瑪目本·馬加（Imām Ibn Māğah）
- 伊瑪目阿布·達悟德（Imām Abū Dawūd）
- 伊瑪目阿爾·貝伊哈基（Imām al-Bayhaqī）
- 伊瑪目艾哈默德·本·漢巴爾（Imām Aḥmad Ibn Ḥanbal）
- 伊瑪目本·甲力爾·阿塔·塔巴里（Imām Ibn Ğarīr aṭ-Ṭabarī）
- 本·伊司哈葛和許多的聖訓學者們也都傳述了這段聖訓。學者本·凱西爾（Ibn Kaṯīr）在他的經文注釋中提到這個事件時說哈菲茲阿布都爾·哈塔伯·本·迪賀亞（Ḥāfiẓ Ibn al-Ḫaṭṭāb Ibn Diḥyah）在他所寫的穆聖ﷺ傳中收錄並且傳述由聖門弟子安那斯·本·馬立克所傳述的聖訓（詳見下一段夜行與登霄的經過）。這段聖訓也被以下的聖門弟子們所共同傳述：
- 歐瑪爾·本·阿爾·哈塔伯
- 阿里·本·阿比·塔力伯
- 阿布都拉·本·馬司悟得
- 馬立克·本·薩阿薩阿（Mālik Ibn Sa‘sa‘ah）
- 阿布·胡萊拉

- 阿布・薩伊德・阿爾滬得里（Abū Sa‘īd al-Ḫuḏrī）
- 阿布都拉・本・阿巴斯
- 夏達得・本・阿烏司（Šaddād Ibn Aws）
- 烏貝依・本・卡阿巴（Ubayy Ibn Ka‘b）
- 阿布得・阿爾・拉賀曼・本・古拉日（‘Abd ar-Raḥmān Ibn Qurāẓ）
- 阿布・哈巴賀・阿爾・安薩里（Abū Ḥabāh al-Anṣārī）
- 阿布萊伊拉・阿爾・安薩里（Abū Laylā al-Anṣārī）
- 加必爾（Ǧābir）
- 胡冉伊發（Ḥuḍayfah）
- 古爾特（Qurṭ）
- 阿布・艾由伯・阿爾・安薩里（Abū Ayyūb al-Anṣārī）
- 阿布・烏瑪瑪（Abū Umāmah）
- 薩牡拉・本・久溫杜布（Samurah Ibn Ǧundub）
- 阿布・哈姆拉（Abū Ḥamrah）
- 蘇海布・阿爾・盧米（Ṣuhayb ar-Rūmī）
- 烏姆・哈妮・本特・阿比・塔力伯（Umm Hāni’ Bint Abī Ṭālib）
- 阿依莎・本特・阿比・巴克爾（‘Āišah Bint Abī Bakr）
- 阿思瑪・本特・阿比・巴克爾（Asmā’ Bint Abī Bakr）

所有的穆斯林一致肯定對夜行傳述的正確性。但對那些失去信仰或者否認信仰，或不信道者，又或者表面上看來似乎是穆斯林而事實上行為處事卻處處違背信條的人，他們不願接受夜行發生的事實並予以否認，誰否認就屬出教的行為。這些人嘗試用他們的口舌來熄滅真主 ﷻ 的光明，但真主 ﷻ 非但不讓他們得逞更是要讓他的光明完整完美無缺。

15.4 夜行與登霄的經過

伊瑪目阿爾．布哈里和伊瑪目穆司林這兩位伊瑪目都在他們的聖訓集中共同收錄了聖門弟子嘎埸答（Qatādah）傳述從安那斯．本．馬立克傳述從馬立克．本．薩阿薩阿（Mālik Ibn Sa‘sa‘ah）的傳述說：

「穆聖 ﷺ 對我們敘述了自己夜行的經歷，他說：『當我在天房旁的圍牆（al-Ḥātim，一說在 al-Ḥiğr）附近躺著的時候，來者[13]到了我的身邊並將我的胸膛剖開。』（穆聖 ﷺ 說時比著自己的脖子。）在場的一位傳述者問甲路德．本．阿比．蘇布拉．阿爾．巴士里（al-Ğārūd Ibn Abī Sabrah al-Baṣrī，此段簡稱甲路德，傳述人）：『穆聖 ﷺ 說從這裡到那裡切開了所指為何？』甲路德回答道：『他是指從喉頭到腹部的地方被切開來了。』」

「穆聖 ﷺ 接著說：『他將我的心取出，並拿來一個裝有信

---

13 來者指的是天使。

仰與智慧的黃金容器。洗滌之後我的心變得豐富[14]了，他將我的心放回我的胸膛。然而一隻白色的動物被帶到我的面前，它的體積比騾子小比驢子大些。』甲路德問安那斯·本·馬立克：『指的是天馬（Buraq）嗎？噢！哈姆薩的父親啊！』（這裡指的是安那斯）安那斯回答道：『是啊！它跨出一步就已在地平線的盡頭了！』（這裡是形容它速度之快）穆聖ﷺ繼續敘述說：『我騎上天馬，大天使吉布力爾將我帶至第一層天（近天）。在那裡大天使吉布力爾請求開門，負責管理第一層天的天使問：『是誰？』大天使吉布力爾回答：『是我。』天使問：『誰和你一起？』大天使吉布力爾回答：『是穆罕默德ﷺ。』

天使又問：『他已受命了嗎？』

（學者阿布·夏赫巴解釋道，這裡的意思並非問及穆罕默德ﷺ是否已經成為聖人，關於這一點他們已被告知，他問的是：穆聖ﷺ正在經歷登霄嗎？）

大天使吉布力爾回答：『是的。』天使說：『歡迎他的蒞臨，他的到訪是最佳的。』頓時天空打了開來，當我到達那裡時我見到了聖人阿丹（Ādam）。大天使吉布力爾說：『這是你的父親，問候他吧！』之後我問候了他，他也回以問候。

聖人阿丹說：『歡迎你受賜福的子輩，良善的使者。』（針

14 學者解釋這裡的「豐富」指的是：「使穆聖ﷺ的信仰更為堅定，智慧更為卓越。」

對這裡學者阿布·夏赫巴解釋道，這一夜為了尊貴的穆聖 ﷺ 到訪，聖人阿丹和所有的聖人們都出席了，他們的出現有兩種可能性，一是他們從墳地被喚醒以準備迎接今夜這位受賜福的客人，二是他們的精神被附著在形體之上而出現。聖人爾撒除外，因為他尚未歸真。）

『接著大天使吉布力爾將我帶至第二層天，他被問道：『是誰？』大天使吉布力爾回答：『是我。』天使問：『誰和你一起？』大天使吉布力爾回答：『是穆罕默德 ﷺ。』天使又問：『他已被派遣了嗎？』大天使吉布力爾回答：『是的。』天使說：『歡迎他的蒞臨，他的到訪是最佳的。』頓時天空打了開來，當我到達那裡時我見到了先知雅賀亞（Yaḥyā）和聖人爾撒。大天使吉布力爾為穆聖 ﷺ 介紹說：『他們是雅賀亞和爾撒，你問候他們吧！他們是表兄弟[15]。』之後我問候了他們，他們也回以問候。他們說：『歡迎你虔誠的兄弟，良善的使者。』

接著大天使吉布力爾將我帶至第三層天，他被問道：『是誰？』大天使吉布力爾回答：『是我。』天使問：『誰和你一起？』大天使吉布力爾回答：『是穆罕默德 ﷺ。』天使又問：『他已被派遣了嗎？』大天使吉布力爾回答：『是的。』天使說：『歡迎他的蒞臨，他的到訪是最佳的。』頓時天空打了開

---

15 學者阿布·夏赫巴說：據傳述雅賀亞和爾撒兩人為表兄弟，雅賀亞的母親是爾撒的姨母。

來，當我到達那裡時我見到了先知優素福（Yūsuf）。大天使吉布力爾說：『這是你的兄弟優素福，你問候他吧！』之後我問候了他，他也回以問候。優素福說：『歡迎你虔誠的兄弟，良善的使者。』

接著大天使吉布力爾將我帶至第四層天，他被問道：『是誰』？大天使吉布力爾回答：『是我。』天使問：『誰和你一起？』大天使吉布力爾回答：『是穆罕默德ﷺ。』天使又問：『他已被派遣了嗎？』大天使吉布力爾回答：『是的。』天使說：『歡迎他的蒞臨，他的到訪是最佳的。』頓時天空打了開來，當我到達那裡時在這裡我見到了先知伊得利司（Idrīs）。大天使吉布力爾說：『這是你的兄弟伊得利司，你問候他吧！』之後我問候了他，他也回以問候。伊得利司說：『歡迎你虔誠的兄弟，良善的使者。』

接著大天使吉布力爾將我帶至第五層天，他被問道：『是誰？大天使吉布力爾回答：『是我。』天使問：『誰和你一起？』大天使吉布力爾回答：『是穆罕默德ﷺ。』天使又問：『他已被派遣了嗎？』大天使吉布力爾回答：『是的。』天使說：『歡迎他的蒞臨，他的到訪是最佳的。』頓時天空打了開來，當我到達那裡時在這裡我見到了先知哈倫（Hārūn）。大天使吉布力爾說：『這是你的兄弟，你問候他吧！』之後我問候了他，他也回以問候。哈倫說：『歡迎你虔誠的兄弟，良善的使者。』

接著大天使吉布力爾將我帶至第六層天，他被問道：『是誰？』大天使吉布力爾回答：『是我。』天使問：『誰和你一起？』大天使吉布力爾回答：『是穆罕默德ﷺ。』天使又問：『他已被派遣了嗎？』大天使吉布力爾回答：『是的。』天使說：『歡迎他的蒞臨，他的到訪是最佳的。』頓時天空打了開來，當我到達那裡時在這裡我見到了聖人穆薩。大天使吉布力爾說：『這是你的兄弟，你問候他吧！』之後我問候了他，他也回以問候。穆薩說：『歡迎你虔誠的兄弟，良善的使者。』正當我要離去時穆薩哭了起來，旁人問他為何要哭？穆薩說：『我哭是因為繼我之後的這個男子，他在我之後被派遣，屬於他的教生將要進入天堂的人數比屬於我的教生要來的多。』

（針對這裡，學者阿布·夏赫巴解釋道，聖人穆薩並不是因為覺得自己的價值低，所有聖人都是真主ﷻ所遴選出來的他們的行為都受到了保護。但是穆聖ﷺ的生命為六十三年，與其他活了好幾百年的聖人們相較之下，他的生命非常短暫。與其他聖人們相比穆聖ﷺ就像是個少年，但真主ﷻ卻賜予他獨特的天賦與恩惠是其他聖人所沒有的。而且追隨他的信仰的人數是沒有任何一個先前的聖人們所能達到的。）

接著大天使吉布力爾將我帶至第七層天，他被問道：『是誰？』大天使吉布力爾回答：『是我。』天使問：『誰和你一起？』大天使吉布力爾回答：『是穆罕默德ﷺ。』天使又問：

『他已被派遣了嗎？』大天使吉布力爾回答：『是的。』天使說：『歡迎他的蒞臨，他的到訪是最佳的。』頓時天空打了開來，當我到達那裡時我見到了聖人易卜拉欣。大天使吉布力爾說：『這是你的父親，你問候他吧！』之後我問候了他，他也回以問候。易卜拉欣說：『歡迎你正義的，受正道引導的，備受賜福的兒子，歡迎你正義的，受正道引導的，備受賜福的聖人。』」

「穆聖ﷺ繼續敘述著他的際遇：『我被昇上至無極林（Sidratul Muntahaa）。』它的果實大如石瓶，它的葉子如大象的耳朵。大天使吉布力爾說：『無極林裡有四條河流，兩條內河與兩條外河（兩條暗的，兩條明的）。我問吉布力爾：噢！吉布力爾它們是怎樣的呢？吉布力爾回答道：『裡面那兩條河是天堂裡的河流。外圍那兩條則是尼羅河和幼發拉底河。』

（學者阿布・夏赫巴解釋說：「Muntahaa 的意思是結束，而無極林（Sidrah al-Muntahā）那裡是所有的使者們與品級高的天使們知識的終點，也是每個被接見的使者的終點，沒有人超越那裡，除了穆聖ﷺ以外。學者認為那兩條內河分別為 al-Kawṯar 和 as-Salsabīl，穆聖ﷺ認出那兩條外河是尼羅河和幼發拉底河，他意識到這意味著他的信仰將會遠播到這些地區去。學者阿布・夏赫巴說這四條河相互之間的關係有兩種可能性，一是它們互相相似。二是 al-Kawṯar 和 as-Salsabīl 是尼羅河與幼發拉底河的源頭。）

「接著穆聖ﷺ被上升至拜圖．麥爾姆勒（al-Bayt al-Ma‘mūr）。」

（學者說：這個名稱出現在《古蘭經》52章：4節〈山嶽章〉中：

「以眾人朝覲的天房盟誓。」（*）

拜圖．麥爾姆勒這座房子與天房平行，位在第七層天之上，經注學中提到它是為天上的居民而設，就如同天房為地上的居民而設一般。在聖訓中則提到：每天有七萬個天使持續不斷地進入它，他們若是離開那裡便不再重複進入。阿布都拉．本．阿巴斯傳述穆聖ﷺ說：『這座房子在天房之上，每天有七萬個天使在那裡禮拜，離開後便不再折返。』）

「在拜圖．麥爾姆勒之後，穆聖ﷺ說：『大天使吉布力爾為我帶來了三個瓶子[16]，它們分別為牛奶、酒與蜂蜜，我選擇了牛奶。』大天使吉布力爾說：『這意味著這是你和你的烏瑪[17]（Ummah）將持守的菲土勒[18]（Fitra）。』

穆聖ﷺ接著說：『在這裡真主ﷻ為我規定了一天五十番拜的義務。領命之後我從第七層天返回，使者穆薩見到我時問：

---

16 在伊瑪目穆司林的傳述內容裡，則是當穆聖ﷺ被上升至拜圖．麥爾姆勒後，大天使吉布力爾為穆聖ﷺ帶來了兩個瓶子，它們分別為牛奶、酒，他選擇了牛奶。

17 這段聖訓為康有璽先生翻譯。

18 菲土勒，含有天性、天賦、稟賦、原性等意，這裡指的是端正之道即是伊斯蘭正道。（原譯者康有璽先生）

『真主ﷻ給予你什麼使命？』我告訴他真主ﷻ命令我和我的烏瑪每天禮五十番拜的義務，使者穆薩說：『說實話！你的烏瑪無法辦到，我對之前的人們有經驗，那些以色列人的子孫們讓我煞費心力，你應該回到真主ﷻ那裡，請求他使你的烏瑪容易。』於是我折返至真主ﷻ那裡請求減少，於是真主ﷻ減少了十番拜，但當我再度領命返回時，使者穆薩說了和之前說的類似的話，我再度折返至真主ﷻ那裡，真主ﷻ又減少了十番拜。當我再度領命返回時，使者穆薩又說了和之前說的類似的話，我又返回至真主ﷻ那裡，真主ﷻ又減少了十番拜。當我再度領命返回時，使者穆薩說了和之前說的類似的話，他要我再度折返，我聽從了他的建議返回至真主ﷻ那裡，真主ﷻ又減少了十番拜。就這樣我來回數趟之後，我被命令禮拜的次數減至了一天五番拜，當我再度領命返回時，使者穆薩又問我：『真主ﷻ給予你什麼使命？』我回答他說：『一天五番拜。』穆薩說：『你的烏瑪確實無法辦到，我對你之前的人們有經驗，那些以色列人的子孫們讓我煞費心力。』他告訴我應該折返，請求真主ﷻ使你的烏瑪容易，這回我告訴使者穆薩說：『我已經請求我的主太多次，連我自己都覺得羞愧。而我對這個命令是滿意的，我相信真主ﷻ。』當穆聖ﷺ繼續前進時他聽見一個聲音喊著：『我已貫徹了我的主命並使我的僕人們容易。』」（布哈里聖訓集收錄）

（學者解釋說：「這段聖訓結尾的敘述裡穆聖ﷺ所聽到的喊話聲便是從真主ﷻ那裡來的，因為他在話中提到「……我使我的僕人們容易」。這證實了真主 ﷻ 在這次的會晤中是直接與穆聖 ﷺ 對談，不透過其他方式的傳達。）

在另一段由穆司林聖訓集所收錄的一段聖訓裡，真主 ﷻ 對穆聖 ﷺ 說：「噢！穆罕默德 ﷺ，這一天一夜雖是五番拜，但每一拜的獎賞卻是它的十倍。誰舉意做善行但卻無法做到，那麼他將被記下一個善行，但他如果做到了那麼就會為他記下十倍的報酬。但如有誰舉意做惡行但沒有實行，那麼這件惡行將不會被記下，但如果做了則被記錄為一件罪行（Seyyià）。」

還有一些其他的傳述中則是提到穆聖 ﷺ 分在西奈山、伯利恆、麥地那各禮了兩拜。在遠寺他與其他的聖人們一起禮了兩拜，穆聖 ﷺ 與聖人們一起讚美至高無上的真主 ﷻ，感謝真主 ﷻ 所賜予的恩惠。在學者本・凱西爾的《古蘭經》經注中與伊瑪目本・哈傑爾・阿爾・阿司嘎蘭尼（Imām Ibn Ḥağar al-‘Asqalānī）在布哈里聖訓集的解說中都可以找到對夜行和登霄的過程更詳細的描述。

布哈里聖訓集和穆司林聖訓集共同傳述了穆聖 ﷺ 在經歷過登霄回到麥加之後發生的事。穆聖 ﷺ 和大家公開了整個登霄的經過。那些非信徒們對這些事不予置信，那些曾經到耶路撒冷經商過的人諷刺地要穆聖 ﷺ 描述一下遠寺的樣子，因為他們知道穆罕默德 ﷺ 之前並沒有去過耶路撒冷，對穆聖 ﷺ 而言，由於那天晚上發生了太多事情以至於他沒有注意到遠寺的樣子，而事實上比起他所經歷之事，這些細節之事就顯得微不足道了。穆聖ﷺ敘述道：「當古萊氏的非信徒們提出這個問題而且根本不相信我時，我走到了天房旁的圍牆內，這時真主ﷻ將遠寺清楚展現在我的眼前，當我注視著它時，我將我所看到的形容說給古萊氏的人聽。」

阿布．巴克爾自己曾到過那裡，他聽了穆聖ﷺ的描述後馬上證實了說：「這是真實的。你說的是實話。」原本一些非信徒們主動來找阿布．巴克爾，是想利用穆聖ﷺ登霄的這件事來動搖阿布．巴克爾的信仰。他們以為只要告訴他這件事後他就會遠離穆聖ﷺ，不再相信伊斯蘭。但阿布．巴克爾做事一向細心謹慎，憑他對穆聖ﷺ的認識，他肯定地回答道：「如果他這麼說的話，那麼它一定是事實。」他又說：「比這更為重大的事我都相信了，我相信他從天上獲得啟示，那麼這樣的旅行就根本算不上什麼了。我相信他所有的話。」從夜行歸來後的隔天，大天使吉布力爾便來找穆聖ﷺ，他教導穆聖ﷺ如何禮拜並且教他禮拜的時間。第一天，大天使吉布力爾是出現在每個禮拜一開始的時間並教導穆聖ﷺ如何禮拜，隔天大天使吉布力爾則是出現在每個禮拜該結束的時間，這是為了讓穆聖ﷺ清楚每個禮拜時間的開始與結束。學者說：「大天使吉布力爾第一個教導穆聖ﷺ的是中午的晌禮。」並且說：「穆聖ﷺ之前是依照聖人易卜拉欣每天在早晨與晚間各禮兩拜（兩個 Raka）。」

15.5 學者阿爾・布提針對東方主義學者評論進行反駁

東方主義學者的論述主要是以下幾點：

(1) 否定穆聖 ﷺ 聖人的身分

(2) 質疑穆聖 ﷺ 生平中所發生的奇蹟

(3)「奇蹟」的定義為何

(4) 質疑穆聖 ﷺ 登霄橫越時空的可能性

學者阿爾・布提針對了以上東方主義學者評論進行反駁：

✧ 反駁其對穆聖 ﷺ 聖人身分的否定

東方主義學者一再嘗試以避重就輕的方式來否定穆聖 ﷺ 聖人的身分，而以天才、傑出的能力、英雄、卓越的領導者的形象來混淆並取代真主 ﷻ 所賜予穆聖 ﷺ 的尊貴的使者、世人的先知與聖人的身分。將他 ﷺ 非凡的一生解釋為平凡與一般的常人生活，並且輕描淡寫的說：「他是個謙卑的人，他一生中所發生的事並不在他的掌握之中。」並提出《古蘭經》29 章：50 節為證明：「他們說：『怎麼沒有一種跡象從他的主降臨他呢？』你說：『跡象只在真主 ﷻ 那裡，我只是一個坦率的警告者。』」(*) 他們想以這一句話來強調穆聖 ﷺ 的生平離所謂的「聖人奇蹟」還相去甚遠。

學者阿爾．布提認為真主ﷻ賦予他的使者奇蹟，就是為了支持他的使者並證明這個事實。東方主義學者的這個理論追根究柢就是他們根本不相信真主ﷻ，倘若他們相信了真主ﷻ，那麼相信真主ﷻ所創造的奇蹟就會迎刃而解。因為透過真主ﷻ的特性我們可以知道真主ﷻ有能力為了他的僕人和他的使者打破自然的定律與規則。而相信真主ﷻ遠比相信奇蹟更難，要先有相信真主ﷻ的這個基礎那麼相信奇蹟就不是難事。所以東方主義學者自己本身在「相信造物主」這一點上就根本有問題。

東方主義學者的理論就像其他的理論一樣被廣為流傳，當然也包括了伊斯蘭世界。這些歐洲思想與科學在伊斯蘭世界裡佔有一席之地，並使許多人受到了鼓舞。但是就在穆斯林吸取這些資訊的同時，他們並未加以研究、探討、反思，而是以先入為主的觀念，認為只要是來自西方那就是學術。有些穆斯林在他們的書中用了東方主義學者的理論，更甚至在他們的活動中嘗試去傳播推廣他們的理論。謝赫穆罕默德．阿布達（Šayẖ Muḥammad Àbda）和穆罕默德．胡笙．海凱爾（Muḥammad Ḥusayn Haykal）及其他的人就是一個例子，他們都在自己的書籍中運用了東方主義學者這類的理論思想。當然這種現象對伊斯蘭的敵人們來說，是用來對付穆斯林的好機會，是那些仇視伊斯蘭、害怕伊斯蘭、害怕穆斯林的人用來使伊斯蘭的內部衰弱的一大機會。在原本明朗清楚的信仰中混淆入一些思想，某些人用鼓舞人心的言詞大肆地強調穆聖ﷺ部分的性格特徵與個人身分並加以傳播。例如：

天才、卓越的領導者等等。有些更過分的是在他們使這個觀念清楚明顯的過程中強調穆罕默德 ﷺ 的一生中並沒有所謂「理智無法理解的幽玄之事」（意思是在他的身上並沒有發生任何奇蹟）。多年來他們嘗試使一個新的穆罕默德 ﷺ 人格概念被帶至許多穆斯林的團體之中，使之確立並鞏固。在這些人的大腦中穆罕默德 ﷺ 應該是個天才、是個有傑出能力的英雄、卓越的領導者，而絕非聖人。用這個新概念去否定掉所有，否定信仰學。讓原本追隨穆聖 ﷺ 是因為「他是聖人」的初衷，被因另一個「他的個性品格優越，是個好的領導者」的想法所取代。以此為目的他們不稱呼追隨穆罕默德 ﷺ 的人為「穆斯林」而是「穆罕默德 ﷺ 的追隨者」（Muhammadan）。由此強調這些人所追隨的是穆罕默德 ﷺ 這個人，而不是因為他是真主 ﷻ 的使者——那個獲得啟示，傳播伊斯蘭的使者。

讓我們嘗試以邏輯的方式來探討事實，來看待上述的這個想法：

以啟示這個事實來看，它已經清楚地鞏固了穆聖 ﷺ 的人格特性與身分。而他是使者與先知身分當中一個最為重要的特性便是他的聖品。穆聖 ﷺ 在他獲得啟示之後若是談論到他自己，便是以聖人、真主 ﷻ 所派遣的使者自居。在他發給各國國王與統治者的信函裡，他都是以「穆罕默德 ﷺ、真主 ﷻ 的使者」來介紹他自己，這就是他對自己身分的介紹。「聖品」（al-Nubuwwah，使者的特性）它超乎於我們所能理解的範圍。它屬於幽玄之事，我們可以選擇相信與不相信。他的身分本身就是奇蹟。你既不可能將這些屬於聖人的奇蹟從他身上除去，也不可能否認它。如果有人不相信穆聖ﷺ的聖品，那麼他就是既不相信穆聖ﷺ也不相信伊斯蘭。東方主義學者們當然不會將這個問題繼續探討下去直到提出個結論為止。他們既不大聲宣揚又沒有要求人們去尋求「穆罕默德ﷺ是否為使者」的答案，只是用瞞天過海的方式與誇大其詞地說法去強調穆聖ﷺ的聰明、他的特性如天才、他是個英雄、他是個卓越的領導者等等。他們只將話題引出了開頭而不提出結論。如果這些人不具備宗教信仰的條件的話，那麼與他們談奇蹟也就沒有多大的意義了。

✧ 反駁關於穆聖ﷺ生平中所發生奇蹟的質疑

如果我們去研究學習穆聖ﷺ生平中的事件不難看出真主ﷻ在他的一生中賜予了許許多多的奇蹟。有許多人他們否認這個說法，他們強調「他的奇蹟就是《古蘭經》本身」而已。他們截取《古蘭經》中的其中一節經文用來證明穆聖ﷺ對於奇蹟並不感興趣，而他的奇蹟就只是《古蘭經》罷了！當然這個看法是錯誤的。有許許多多的傳述都清楚明瞭的告知我們非常多關於穆聖ﷺ的奇蹟。它們其中部分是經由眾傳聖訓方式傳述給我們，它們達到傳述的最高級別，也就是這些傳述內容達到了絕對正確、不容置疑，可以被完全接受相信的程度。舉例來說，伊瑪目阿爾·布哈里在他聖訓實錄中的「禮拜篇」中傳述了一項奇蹟，那就是從穆聖ﷺ的手指間中流出許多水來，當時在場的穆斯林都喝了水並且用此水洗了小淨，這項奇蹟發生了許多次也被許多人所傳述，例如伊瑪目穆司林在他的聖訓實錄第 45 篇和伊瑪目馬立克在〈Tahara 潔淨篇〉都傳述了這一項奇蹟。伊瑪目阿止・扎爾咖尼（Imām az-Zarqānī）傳述伊瑪目阿爾・庫爾圖比（Imām al-Qurṭubī）說：「從穆聖ﷺ的手指中曾多次流出流暢的水來，而且在不同的地點都發生過這個奇蹟」，它是個非常偉大的事件。經由許多不同的傳述管道匯聚成一，由眾傳聖訓所獲得的知識被肯定為絕對確信無疑的。

穆聖ﷺ的另一個奇蹟則是將月亮一分為二，《古蘭經》中也告訴了我們這項奇蹟。當時非信徒們問穆聖ﷺ他是否有能力將月亮分裂成兩半，若是能，他們便相信他。伊瑪目阿爾・布哈里聖訓集〈列聖章〉、伊瑪目穆司林的聖訓集「災難與末日徵兆」中都收錄了對這個事件的傳述，除此之外還有許多的聖訓收錄者和聖訓學家也都傳述了這個事件。學者本・凱西爾對此說道：「對這個事件有很多的報導與傳述。很多的傳述可信度都已達到眾傳聖訓的最高級別。」

學者們都一致公認穆聖ﷺ將月亮一分為二的事件確實發生過。它是數項偉大的奇蹟之一。其中夜行與登霄也不例外，除了學者們的一致公認之外，對此次旅行的傳述也已經達到了眾傳聖訓的級別。而令我們驚訝的是，東方學者們推崇穆聖ﷺ的智慧高超卓越如天才，卻對於這些關於他最可信的傳述卻置之不理，既不公開表示拒絕也不接受，不做任何正面或負面的評論，完全無視於它們的存在。照理來說他們應當正面地去探討、理解、接受這些對穆斯林們既有舉足輕重又無庸置疑的傳述，但是他們卻選擇視而不見甚至封閉在他們自己的成見裡。

✧ 關於奇蹟應有正確的定義，不能習以為常

一般人會將有違常態不尋常之事稱之為奇蹟，所以當每個常態被中斷或改變時人們就認為是奇蹟出現了。每個時代的人都會發展出不同的習慣，穆聖ﷺ生活時期的常態習慣也自然與後來的時期有所不同，會因精神文化而有所差異，極有可能在當時被視為奇蹟之事，而在另外一個時期便不覺得有不尋常之處，甚至被視為稀鬆平常不過。同樣的對一件發生在開發進步的地區的常事，相對於其他未開發或較落後的地區就可能被視為奇蹟。事實上對於每一個思想健全理智的人而言，無論是尋常與不尋常之事，追根究柢它們都是奇蹟。因為我們若是仔細的去觀察被創造物包括我們自己本身、還有我們擁有這個健全的理智，這些都是奇蹟。人身體的組織、它們的構造、它們的功能無一不是奇蹟。血液的循環、人的精神、人的本身就是奇蹟。但是人在具備這麼多奇蹟於一身時，它同時也具備了一個特性就是「遺忘」。經由長時間來累積的習慣、經由這些習慣的不斷重複最終他忘了，他忘了他眼前所見的、所擁有的或環繞在他四周的都是「奇蹟」，甚至還忘記「它」的重要。由於他的無知與傲慢，認為奇蹟應

當是那些會使他驚奇和那些使他意想不到的事。他拿自己的習慣來作為對一件事相信與不相信的衡量標準，這就是無知。如果一個人他的思考是用這樣無知的方式的話，那麼不管他受過多少教育、有多高的知識水準，或者多麼進步，更甚至有許多學識頭銜都是枉然。我們只要試想，一個無所不能的造物主他創造了如此複雜浩瀚的宇宙這樣的奇蹟，那麼創造其他的奇蹟自然不是難事。真主 ﷻ 意願讓它發生之事很容易就會發生。

✧ 真主 ﷻ 為先知們打破大自然的定律

否認登霄的人無法想像也不能接受穆罕默德 ﷺ 的身體如何能在夜裡的一個限定時間裡經歷這樣高速與高度的旅行？他們又批評說《古蘭經》中只提到夜行但並沒有提到登霄，所以無法證實它是否真的發生過？即使真的發生過，那麼以自然法則來說一般人從地球到太空一定需要氧氣，否則必會缺氧致死，所以認為穆罕默德 ﷺ 親身經歷登霄是不可能的。

針對上述不信者的論點，學者說：「有些事對一千四百年前的人來說，可能無法想像，可是對一千四百年後的我們卻很容易接受，可以想像。夜行與登霄以邏輯來說，它是可能發生的事，就如真主 ﷻ 在《古蘭經》中所告知我們的，還有從眾傳聖訓中得知穆聖 ﷺ 自己的敘述一般。這些對我們來說是最直接，最值得信任的消息來源，我們必須要百分之百地相信它。

至於我們個人對這件事能否想像與理解都不會改變這件事的

真實性。有許多對我們來說不可能的事對真主ﷻ來說實為輕而易舉。真主ﷻ賜予聖人們「奇蹟」為他們打破大自然的定律。如果我們因為自己無法想像而否定真主ﷻ使之發生的奇蹟，那麼我們是否也得否定掉所有真主ﷻ賜予聖人們的奇蹟。以現代科技來看，人們以他們有限又有多重缺失的能力造出了飛機，用它在幾個小時之內將人們載運到幾百幾千公里外的地方，但是卻無力從「零」當中造一隻蒼蠅，或使一隻死去的蒼蠅復活過來。他們以有限的思考能力無法想像力量無限的造物主如何讓他眾使者中的一位實現一次超越時間、超越空間的旅行。學者阿布・夏赫巴說：「近百年來，人們製造出飛機、火箭各種現代科技，能使人在短短的時間內穿越地球，那麼我們難道無法想像造物者有能力使他的使者在短時間內縮短距離完成這樣的旅行嗎？人所做出來的是產物而真主ﷻ是創造，這兩者的能力是根本無法相互比較的。」

《古蘭經》41 章：53 節：

「我將在四方和在他們自身中，把我的許多跡象昭示他們，直到他們明白《古蘭經》確是真理。難道你的主能見證萬物還不夠嗎？」（*）

15.6 夜行與登霄發生的時間

關於夜行與登霄發生的年份學者們有不同的意見，有些認為是發生在遷徙前的一年，也有人認為是遷徙前的兩年或三年。至於發生的月份學者有三種推論，分別是三月、四月或七月。學者阿布・夏赫巴說按照他的研究，他認為登霄應該是三月的十二或十七日。他是以學者本・凱西爾的書《善始善終》（*al-Bidāyah wa an-Nihāyah*）中加必爾・本・阿布迪拉・本・阿莫爾・本・希珊和本・阿巴斯的傳述為論點，他們說：「穆聖 ﷺ 出生在象年三月十二日星期一，在這個月份他被派遣為聖人也在這個月份他經歷了登霄，同此月份穆聖 ﷺ 從麥加遷徙至麥地那。」

15.7 學者們對聖穆 ﷺ 登霄中所經歷細節的分析

✧ 經文中指的「他」是誰？

《古蘭經》53 章：12-18 節：

「難道你們要為他所見的而與他爭論嗎？他確已見他二次下降，在極境的酸棗樹旁，那裡有歸宿的樂園。當酸棗樹蒙上一層東西的時候，眼未邪視，也未過分；他確已看見他的主的一部分最大的跡象。」（*）

經文注釋：

這段經文中的「他確已見他二次下降」學者們的看法有所不同，主要的分歧在於這節經文裡的第二個「他」看法分為兩派：

(1) 這裡的「他」是指真主 ﷻ。他們以本・阿巴斯的傳述為依據，認為穆聖 ﷺ 見到了真主 ﷻ。以伊斯蘭信仰學的觀點來看，如果是真主 ﷻ 意欲那麼沒有什麼是不可能的。真主 ﷻ 用他所意願的方式使他的僕人有能力看見真主 ﷻ 想讓他看見的，但是至於是如何發生的？真主 ﷻ 至知，學者們肯定地認為倘若真主 ﷻ 意欲使他的使者看見他，那麼他就會賦予他的使者能力，使他能看見真主 ﷻ。

(2) 這裡的「他」是指大天使吉布力爾。他們以聖妻阿依莎與阿布都拉·本·馬司悟得的傳述為依據，認為穆聖 ﷺ 是第二次見到了大天使吉布力爾真正的外形，支持這個看法的學者們提出《古蘭經》53 章：5-10 節的內容為依據：

「教授他的，是那強健的、有力的，故他達到全美。(*) 那時他在地平線上的最高處。然後他接近了，並下降，只有兩弓之遙，或是更近的距離。他把他所應啟示的啟示給他的僕人。(+)」

✧ 穆聖 ﷺ 的身體與靈魂一起經歷了這次的旅行嗎？或者是只有他的靈魂經歷了這次的旅行？

真主 ﷻ 在〈夜行章〉的內容中告訴我們，穆聖 ﷺ 是在一個清醒的狀況下身體與靈魂一起經歷了這兩段的旅行。真主 ﷻ 在夜行章第一節中提到：「……他在一夜之間，使他的僕人，從禁寺行到遠寺……」，其中「他的僕人」指的就是穆聖 ﷺ，而這一段的內容就是證明了穆聖 ﷺ 是身體也經歷了旅行而並非只有靈魂。也證明了這個事件的發生是真實的，穆聖 ﷺ 是清醒的經歷了它而非作夢。同樣地在聖訓中登霄是由一個可靠性最強的傳述鏈所傳述，它並且告訴我們穆聖 ﷺ 在這次旅行中再度地經歷了開剖胸膛，就如他小時候待在奶媽哈里瑪身旁時所經歷的一般。這次的剖開胸膛目的是為了使穆聖 ﷺ 有能力看到真主 ﷻ 所意欲讓他看見的所做的準備。

聖訓告訴我們，真主 ﷻ 為穆聖 ﷺ 的這次旅行提供了一個交通工具天馬（Al Buraq），也告訴了我們，穆聖 ﷺ 見到了其他的聖人們並且與他們談話。在這次的旅行中禮拜成了所有穆斯林的義務，而這個宣告是不經過大天使吉布力爾的傳達。這個聖訓證明了這次的旅行穆聖 ﷺ 是精神與身體俱在，而並非只有他的精神參與了這次的旅行。

有一小部分的學者代表了「只有他的精神參與了這次的旅行」的意見。

他們提出一段認為是聖妻阿依莎的話為論點：「她說『他是用精神參與了這次的旅行，我沒有發覺他（身體）不在。』」但是，這段傳述是非常值得懷疑的，學者伊亞德（Qāḍī ʻIyāḍ）在他的書《心靈良藥》中聲明這段傳述的內容和它的傳述鏈非常弱甚至不足以採信。阿爾・哈菲茲・本・迪賀亞（al-Ḥāfiẓ Ibn Diḥyah）聲明這個傳述鏈根本是個謊言。因為登霄發生的地點是在麥加，而時間是在遷徙之前，當時穆聖 ﷺ 雖已向聖妻阿依莎求婚，但是他們是在遷徙後才共同生活的。有此可見上面所傳述的內容不實。另外一個反證是聖妻阿依莎說了兩段話，一是：「穆聖ﷺ當晚見到的是大天使吉布力爾而非真主ﷻ。」另一段引述則說：「他是用精神參與了這次的旅行，我沒有發覺他（身體）不在。」這句話證明了之前所說的說法不正確。因為聖妻阿依莎為一女大學者，她是在公議中提出她所理解的《古蘭經》53章：13節，其中提到「穆聖ﷺ登霄當晚見到的是大天使吉布力爾而非真主ﷻ」的話，那麼既然她支持穆聖ﷺ見到了大天使吉布力爾的看法，就不可能認為穆聖ﷺ登霄當晚只是精神參與而非親身經歷了這個旅行。因為倘若只是精神參與了這個旅行那麼就無須討論穆聖ﷺ見到的是誰了。由此證明了上面的傳述是錯誤的。

有學者說聖門弟子穆阿維亞也有類似的陳述，認為穆聖ﷺ並未親身經歷了這個旅行，但是我們拒絕接受這個傳述，因為穆阿維亞在那個時間點尚未接受伊斯蘭。

另外更有人堅稱這個旅行是在夢裡經歷的。我們強烈反對這樣的說法。他們是以《古蘭經》中〈夜行章〉17章：60節為證：

「當時我曾對你說：『你的主是周知眾人的。我所昭示你的夢兆和在《古蘭經》裡被詛咒的那棵樹，我只以這兩件事物考驗眾人，並加以恫嚇，但我的恫嚇只使他們更加蠻橫。』」（*）

「……我所昭示你的夢兆……」這裡所翻譯的「夢兆」是由阿文的 Ru`ya 這個字翻譯過來的。這個字在大多數阿拉伯文中被理解的是指夢的意思，但 Ru`ya 這個字原意為 Raà（看見），而在這段經文中指的是穆聖 ﷺ 在登霄中親自所做的視察。在這裡我們要以本・阿巴斯的《古蘭經》注釋來反駁他們，本・阿巴斯是聖門弟子中非常有名的《古蘭經》注學家和阿拉伯語學家，他解釋這段經文時說：「這裡是指穆聖 ﷺ 親眼見到了那棵被詛咒的樹，這是他在登霄中所經歷的一部分。」指的是穆聖 ﷺ 在登霄的視察當中親眼見到了《古蘭經》中所描述的火獄中的那棵被詛咒的樹。

在《古蘭經》關於〈夜行章〉的注釋書籍中與伊瑪目阿爾・布哈里、伊瑪目阿特・鐵爾密濟、伊瑪目安・那沙義的聖訓集中他們共同收錄了穆聖 ﷺ 在登霄的親身經歷，證明它並非發生在睡夢中。

再者，學者們認為《古蘭經》中〈夜行章〉17 章：60 節的經文它被啟示的時間是在胡代比亞（Hudaybiya）協議的前一年，也就是在夜行登霄發生的幾年後才被啟示下來，而這段經文其實是為了告訴穆聖 ﷺ，不久的將來他們即將到麥加朝覲。

16.

穆聖 ﷺ 對外來部落的人宣教

自聖人易卜拉欣和他的兒子易司馬儀建造了天房以來，天房就成為了記念真主 ﷻ 的象徵。朝觀的人群不斷地湧向麥加，他們同時為麥加帶來了商機，朝覲季節也經常被利用來做進出口的生意。

古萊氏的非信徒與穆斯林的爭端持續的進行著，一方面古萊氏人仍舊固執地堅守祖先傳下來的舊信仰，另一方面穆斯林原本希望塔亦夫地方上人能敞開心胸接受伊斯蘭或者他們能遷徙到那裡去，但這一切並沒有如他們的期望，穆聖 ﷺ 一如既往地繼續宣教，他把重心放在那些遠道而來的朝覲者們的身上。

穆聖 ﷺ 由阿布·巴克爾陪同走進人群中。穆聖 ﷺ 對他們說：「某某部落的人們啊！我是真主 ﷻ 派遣來給你們的使者，我要求你們只敬拜真主 ﷻ 不要為他舉伴，拋棄一切除了真主 ﷻ 之外你們所崇拜的！相信我是他所派遣的使者，保護我直到我宣告真主 ﷻ 的訊息。人們啊！你們誰願意支持我宣揚真主 ﷻ 的訊息就說：萬物無主，唯有真主ﷻ。接受真主ﷻ的恩典吧！」

就當穆聖ﷺ與其他人交談時，穆聖ﷺ的伯父阿布・拉賀伯走在他的身後而且高聲地喊著：「你們可別拋棄你們祖先的信仰啊！他是在要求你們把阿爾・拉特和阿爾・烏扎[19]從你們的信仰中除去，要你們離開你們的盟友（指精靈）。他所說的話是錯誤的，那是創新。別聽他的！別跟隨他！」

人們驚訝地看著阿布・拉賀伯，他所說的這些話可都是針對了自己的侄子。

他的話並沒有使穆聖ﷺ動搖或忘記自己的任務，穆聖的目標是邀請那些外來部落的人加入伊斯蘭，可惜那些人卻高傲的拒絕了。這些人中有一群是來自阿密爾・本・撒阿撒阿和（'Āmir Ibn Ṣa'ṣa'ah）部落，其中有一位名叫巴希拉・本・菲拉司（Baḥīrah Ibn Firās）的人，這個人心裡打著如意算盤。他說：「我以真主ﷻ之名起誓，若我帶上這個男子，支持他、保護他，將來我便可藉由他來併吞阿拉伯人。」言下之意是他可以利用穆聖ﷺ來戰勝並且統治阿拉伯人。他問穆聖ﷺ：「我們若是和你立下盟約並相信你告知我們的，那麼真主ﷻ會賜予我們勝利嗎？依你之見我們會獲得統治權嗎？」穆聖ﷺ回答他說：「國權歸真主ﷻ所有，他給予他所意願的人。」巴希拉不滿意地回答說：「如果我們為了你對抗阿拉伯人而犧牲生命，勝利之

---

19 偶像名。

後真主 ﷻ 還可能選擇其他的人，那麼我們根本就不需要你！」

朝覲過後這些人就回到他們的家鄉去了。返鄉後他們拜訪了當地一位年長的智者並且跟他報告了遇見穆罕默德 ﷺ 這一件事，聽完他們的話智者將他的手放在頭上沉重地說：「我真是為你們錯失追隨他的機會而感到惋惜，我發誓聖人易司馬儀的後代子孫中從未有人以聖品來欺騙人，如果他的子孫中有人說他是聖人那麼他就一定是。」

穆聖 ﷺ 他偉大的性格、他的正直、誠實與真誠和那些為了爭取選民而出賣承諾，使那些追隨者對他們抱著偌大希望的人相較之下更顯示出穆聖 ﷺ 的高尚。穆聖 ﷺ 的任務不是在承諾這些人什麼，而是去實現他的聖品、去宣揚真主 ﷻ 的訊息，不把權力、勢力當作是支持他的條件。穆聖 ﷺ 他不欺人、不作無謂的承諾，他的誠信始終如一。

許多部落的人拒絕了穆聖 ﷺ，儘管如此也阻擋不了他繼續宣教的決心。在每次朝覲季節，他不辭辛勞地對人們發出伊斯蘭的邀請，他經常誠懇地對人們說：「我不強迫你們之中的任何一個人，誰對我所宣揚的感到滿意誰就能獲得幸福，誰若是憎恨那麼我也不會因此而憎恨他、強迫他。我只是希望你們能在我宣揚真主 ﷻ 的訊息時，對那些想謀殺我的人為我提供保護，直到真主 ﷻ 為我和我的追隨者做出判決。」但這些人最終還是給了穆聖 ﷺ 否定的答案，他們說：「你的族人應當是最了解你的人。」雖然遭受了拒絕，穆聖 ﷺ 仍然一如既往地努力不懈。

穆聖ﷺ試著改變他的宣教方式，之前他用以寡對眾的方式談話，而現在他決定單獨和那些高貴又受人敬重的人一對一的會面並邀請他們進入伊斯蘭。這些人中有一位名叫舒衛德・本・阿斯薩米特（Suwayd Ibn aṣ-Ṣāmit）的人。這個人是到麥加來朝覲的，是一位出身良好、很受喜愛及尊敬的詩人。人們尊稱他為「完美的人」（al-Kāmil）。他們兩人開始了之間的對話，舒衛德對穆聖ﷺ說：「也許你知道一些和我所知道的相似。」穆聖ﷺ問他：「你知道什麼呢？」舒衛德回答說：「我有一些紙張其中記載了關於蘇雷曼的智慧。」穆聖ﷺ請他將它唸出來，自己則仔細地聆聽著。舒衛德讀完後，穆聖ﷺ讚賞著說：「這真是美好的一段話，但我所知道的比這個更加優美。真主ﷻ降示了《古蘭經》並以此賜予了我光明與正道。」之後，他便頌讀了一段《古蘭經》經文。舒衛德聽完後對穆聖ﷺ讚賞著說：「這真是美好的一段話。」在這段交流之後舒衛德回到了麥地那，不久之後他便為阿爾・哈茲拉居部落（al-Ḫazraǧ）的人所殺。他死後不久麥地那的這兩大阿拉伯部落（阿爾・阿烏司〔al-Aws〕和阿爾・哈茲拉居）的人便開始了一場戰鬥。這場戰役被稱為阿爾・布阿斯日戰役（Yawm al-Buʻāṯ）。

穆聖ﷺ還和一位來自本・阿布得・阿爾・阿須哈爾（Ibn ʻAbd al-Ašhal）部落名叫阿布・阿爾・哈伊薩爾・阿納斯・本・拉非阿（Abū al-Ḥaysar Anas Ibn Rāfiʻ，此段簡稱阿布・阿爾・哈伊薩爾）的人談話，他是由依也司・本・姆阿司（Iyās Ibn

Mu‘āḏ）和一群年輕人陪同到麥加來的，這次前來是為了和古萊氏人簽下一紙條約以對抗另外一個部落。穆聖ﷺ在他們的身旁坐了下來並且對他們說：「要不要我告訴你們一件比你們此行目的更好的事呢？」他們回答說：「是什麼事呢？」穆聖ﷺ說：「我是真主ﷻ派遣來給你們的使者，我呼籲你們崇拜真主ﷻ、敬事真主ﷻ，不為他舉伴。他降示了這本經典。」穆聖ﷺ為他們講述了伊斯蘭。

依也司是一位年輕小伙子，他聽了穆聖ﷺ的話後肯定的說：「我以真主ﷻ之名起誓！這事真是比我們來的目的要好得多。」話剛說完，阿布·阿爾·哈伊薩爾抓了把沙子朝依也司臉上扔了過去制止了他。阿布·阿爾·哈伊薩爾並且告訴穆罕默德ﷺ別打擾他們，他們此行是另有目的的。依也司不敢再開口說話。不久之後這些人就回到麥地那去了。

過了不久麥地那的兩個阿拉伯部落掀起了一場戰役，依也司便戰死在其中。據說依也司在回到麥地那之後，自己經常反覆地說作證詞和讚主詞（Allāhu Akbar）。

學者說：「阿爾·布阿斯日戰役對麥地那的居民來說其實是一個前奏，這裡的人早已厭倦分裂、敵意、死亡而嚮往神聖的光明與和平。雖然阿爾·阿烏司部落打了勝仗，但是在這場戰役中雙方的死傷都非常慘重，其中也包括許多部落中的顯要人士。」

布哈里聖訓集中傳述了聖妻阿伊莎的一段話，她說：「這場戰役是真主ﷻ為了穆聖ﷺ將到麥地那前所安排的序幕。」

17.

阿爾·哈茲拉居部落的人接受伊斯蘭教

有一回當穆聖ﷺ在阿爾·阿各巴（al-‘Aqabah）[20]宣教時，一群來自阿爾·哈茲拉居部落的人們經過他的身旁。穆聖ﷺ和他們談話並問起他們是哪裡來的？他們回答道：「我們是阿爾·哈茲拉居部落的人。」穆聖ﷺ接口說：「你們就是那個與猶太人訂定條約的部落嗎？」阿爾·哈茲拉居的人點頭示意。穆聖ﷺ說：「那麼你們要不要坐下來讓我來和你們談談呢？」他們同意地圍著他坐了下來。穆聖ﷺ為他們解說著伊斯蘭、誦讀了《古蘭經》，最後邀請他們接受這個信仰。在這次聚集的短短時間裡，這群麥地那人馬上理解了穆聖ﷺ所說而且紛紛接受了伊斯蘭，他們迫不及待地希望能和穆聖ﷺ有第二次見面的機會。

---

20 它是在朝覲行程中的米那（mina）這一帶。

我們不禁要問是什麼原因使阿爾·哈茲拉居部落的人在如此短暫的時間裡接受了伊斯蘭呢？

那是因為當時在麥地那居住的除了有兩大阿拉伯人的部落阿爾·哈茲拉居部落和阿爾·阿烏司部落之外，同時還住了一些少數的猶太人部落。這些猶太人經常在這兩個阿拉伯部落之間加油添醋挑撥離間，引起他們紛爭，彼此敵意不斷增加，更甚至連連交戰，導致雙方疲憊不堪。猶太人是屬於「有經典的人」（Ahl al-Kitāb）[21]，他們對啟示有所認識也有自己的信仰。相反的在當時的阿爾·哈茲拉居部落和阿爾·阿烏司部落，雖然也相信由聖人易卜拉欣所帶來的一部分信仰，但是在信仰中卻是參雜了迷信與偶像崇拜。猶太人也經常和雙方起衝突甚至交戰，卻又因勢單力薄屢吃敗仗。失望之際他們從舊經書中知道有一位最後的先知即將出現，這使猶太人心中產生了莫大的希望。他們威脅這兩個部落的人倘若最後的先知出現，那一定會出現在這附近，先知出現後他們一定會馬上接受他，並藉由他的幫助消滅這兩個阿拉伯部落的人。就如同之前的阿德（‘Ād）人和伊賴姆人（Iram）受到真主 ﷻ 的制裁摧毀一般。所以當穆聖 ﷺ 告訴阿爾·哈茲拉居部落他就是先知時，阿爾·哈茲拉居部落的人立刻想起了猶太人的預言與威脅；另一方面他們切身感受到穆聖 ﷺ 為人的真誠，他所誦讀《古蘭經》的內容更使他們印象深刻。於是阿爾·哈茲拉

---

21 持有舊經書的人。

居部落的人立刻接受了穆聖ﷺ的邀請信仰了伊斯蘭，他們心想這是多麼好的機會啊！他們搶在猶太人之前遇見了猶太人口中的這位最後的先知，這下他們就無畏於猶太人的威脅了。

這些人都說出了清真言，並接受了穆聖ﷺ為他們所解釋的伊斯蘭法規。他們對穆聖ﷺ說：「對我們而言伊斯蘭是最重要的，我們從未見過有任何一個部落的人彼此敵對爭鬥得像我們的部落一樣，也許透過你，真主ﷻ讓我們又能和平地共處。現在我們要回到部落裡，報告我們的族人關於你告訴我們的這個信仰，我們將會號召他們接受伊斯蘭。倘若他們能經由你接受伊斯蘭，能因為你而匯聚在一起，你將成為一位受到前所未有最高尊重與愛戴的人。」

告別穆聖ﷺ之後這一行人回到了麥地那，根據本．伊司哈葛的傳述這些人一共是六位，分別是：

- 阿司阿得．本．祖拿拉（Asad Ibn Zurārah），安那甲爾部落（Banū an-Nağğār）。
- 阿武夫．本．阿爾．哈力時（‘Awf Ibn al-Ḥāriṯ），安那甲爾部落。他是這一行人中第一位接受伊斯蘭的人。
- 拉菲依．本．馬立克．本．阿爾．阿巨朗．阿茲匝拉葛依（Rāfi‘ Ibn Mālik Ibn al-Ağlan az-Zuraqī）（部落不詳）
- 古特巴．本．阿密爾（Quṭbah Ibn ‘Āmir），沙利瑪部落（Banū Salīmah）。

- 烏各巴・本・阿密爾・本・那比（‘Uqbah Ibn ‘Āmir Ibn Nābī），沙利瑪部落。
- 加必爾・本・阿布迪拉・本・阿舒拉米（Ğābir Ibn ‘Abdillāh Ibn as-Sulāmī），沙利瑪部落。

而根據穆薩・本・烏各巴（Mūsā Ibn ‘Uqbah）在他的書《戰役》（*Al Magaazi*）中傳述到的人數則為八人，他們分別是：

- 阿司阿得・本・祖拿拉
- 拉菲依・本・馬立克・本・阿爾・阿巨朗・阿茲匝拉葛依（Rāfi‘ Ibn Mālik Ibn al-Ağlan az-Zuraqī）（部落不詳）
- 穆阿司・本・阿法拉（Mu‘āḏ Ibn ‘Afrā’）
- 亞濟德・本・撒拉巴（Yazīd Ibn Ṯa‘labah）
- 阿布・爾・海薩姆・本・阿特泰依漢（Abū al-Hayṯam Ibn at-Tayhān）
- 烏維印・本・撒依達（‘Uwaym Ibn Sā‘idah）
- 歐巴岱・本・阿斯薩米特（‘Ubādah Ibn aṣ-Ṣāmit）
- 塔克灣・本・阿布得・嘎依司・阿爾・巴得利・阿茲祖拉哥依（Ḏakwān Ibn ‘Abd Qays al-Badrī az-Zuraqī）

當這一行人回到了麥地那之後，便告知族人關於穆聖ﷺ的消息，極力地宣揚伊斯蘭，並號召族人們群起接受伊斯蘭，一時之間伊斯蘭廣為流傳，家家戶戶都在談論穆聖ﷺ。一年之後又到了朝覲的盛期，這回從麥地那來了十二人，他們向穆聖ﷺ表明了他們已是穆斯林的身分。他們之中有五人是一年前便來過的，而其他的七人則是新入教的穆斯林。

這五個人分為是：

- 阿司阿得・本・祖拿拉
- 阿武夫・本・阿爾・哈力時
- 拉菲依・本・馬立克・本・阿爾・阿巨朗・阿茲匝拉葛依
- 古特巴・本・阿密爾
- 烏各巴・本・阿密爾・本・那比

而其他的七人則是：

- 穆阿司・本・阿爾・哈力司・本・里法阿（Mu‘āḏ Ibn al-Ḥāriṯ Ibn Rifā‘）
- 塔克灣・本・阿布得・嘎依司・阿爾・巴得利・阿茲祖拉哥依
- 歐巴岱・本・阿斯薩米特[22]
- 阿布・阿布德・阿爾拉賀曼・亞濟德・本・撒拉霸賀・本・哈札瑪（‘Abd ar-Raḥmān Yazīd Ibn Ṯa‘labah Ibn Ḫazmah）
- 阿爾・阿巴斯・本・拿資拉賀・本・馬立克・本・阿爾阿居蘭（al-‘Abbās Ibn Naẓlah Ibn Mālik Ibn al-‘Aǧlān）

---

22 在穆薩・本・烏各巴的書裡他是第一年的八個人之一，但是如果是根據本・伊司哈葛的傳述那麼歐巴岱並不在第一年入教者的名單中，所以以他的傳述歐巴岱是在第二年才到麥加來，在第一年到麥加來的麥地那人之後他才歸信的。

以上均為阿爾·哈茲拉居部落的人，而以下兩人則為阿爾·阿烏司部落的人：

- 阿布·爾·海薩姆·本·阿特泰依漢
- 烏維印·本·撒依達

以上這十二人中有兩位既是遷士又為輔士的聖門弟子們，他們原是麥地那人在麥加入教後定居在麥加，當穆聖 ﷺ 允許聖門弟子們遷徙時他們才又回到麥地那，這兩人是塔克灣和阿爾·阿巴斯·本·拿資拉賀。

17.1 訂立第一次阿爾·阿各巴誓約

當這十二人與穆聖 ﷺ 第二度在阿爾·阿各巴相會時，他們對穆聖 ﷺ 許下了忠誠信誓，於是這個宣誓就被稱為「第一次阿爾·阿各巴誓約」。而在往後的一年當他們再度來到麥加時，又有更多人加入了他們的陣容，他們這些人也同樣的宣誓了對穆聖 ﷺ 的忠誠。

17.2 阿爾·阿各巴誓約的內容

本·伊司哈葛在他的穆聖傳中傳述歐巴岱·本·阿斯薩米特的話說：「我與其他在場的人參與了第一次的阿爾·阿各巴誓約，我們一共是十二人，在場的人全部的人都對穆聖 ﷺ 交出了誓言，這個誓約的內容有如婦女誓言的內容。使者要求我們 (1) 勿以物配主；(2) 勿偷竊；(3) 勿姦淫；(4) 勿殺害子女；(5) 勿造謠誣衊；(6) 勿違抗在好事上的命令。並說你們之中誰若是堅持誓言，那麼他的報酬即是天堂。誰違犯了其中一條，若真主 ﷻ 意欲即處治他或饒恕他。」

在另一段本・栩哈伯（Ibn Šihāb）的傳述裡，他也對第一次的阿爾・阿各巴誓約做了傳述，但在最後之處補充了一段穆聖 ﷺ 的話：「……如果你們信守諾言那麼天堂就是對你們的承諾。如果你們做出一些逾越之事，在今世伊斯蘭法令已對這些罪行做出判決，而且你們受到了懲罰那麼便是抵銷了。若是你們掩蓋了罪行，那麼真主 ﷻ 在審判日會對你們的事做出裁決，若真主 ﷻ 意欲或予懲罰又或予饒恕。」

歐巴岱・本・阿斯薩米特在上面的傳述中曾提到婦女誓約。婦女誓約訂立的時間是在穆聖 ﷺ 收復了麥加時，當時麥加的男女都對穆聖 ﷺ 交出了誓約。

真主 ﷻ 在《古蘭經》60 章：12 節提到這個誓約的內容：

「先知啊！如果信女們到你面前來與你誓約：她們不以任何物配真主，不偷盜，不通姦，不殺自己的兒女，不以別人的兒子冒充丈夫的兒子，不違背你的合理的命令，那末，你當與她們誓約，你當為她們向真主告饒。真主確是至赦的，確是至慈的。」(*)

麥地那人在阿爾・阿各巴誓約中承諾，不管在任何的情況下無論艱苦或容易、無論貧窮或富有都將服從穆聖ﷺ，並且誠實、行善不作惡。他們告訴穆聖ﷺ如果他到亞斯利伯（Yaṯrib）[23]來，他們會支持他為他們的領導者，並且承諾一定會支持、協助並保護他。就如同他們保護自己，保護他們的伴侶和孩子們一般。

回到亞斯利伯後，這些人便著手宣教事宜並努力實踐教門。前文中曾提到阿司阿得．本．祖拿拉，他是屬於亞斯利伯第一批接受伊斯蘭教的人，也是在穆聖ﷺ未到亞斯利伯之前，第一位在主麻日聚眾帶拜的聖門弟子。本．伊司哈葛傳述說：「阿布得．阿爾．拉賀曼．本．卡阿伯．本．馬立克（‘Abd ar-Raḥmān Ibn Ka‘b Ibn Mālik）說：『在我父親卡阿伯．本．馬立克（Ka‘b Ibn Mālik）失明之後，我繼任為領導人，有一段時間，主麻日我都會陪著父親去禮主麻，每當他聽到宣禮聲時便會習慣性似地替阿司阿得．本．祖拿拉向真主ﷻ求饒。他稱阿司阿得．本．祖拿拉為阿布．烏瑪瑪（Abū Umāmah）[24]。我在心裡反覆低咕著：『我以真主ﷻ的名字起誓，我一定要問個水落石出不然我就是個懦夫。』有一回在一個主麻日我一如往常地陪著父親出門，當宣禮聲響起時，父親一如每次主麻日的習慣，開始為阿司阿得．本．祖拿拉做都阿以向真主ﷻ求饒。這時我終於鼓起勇氣問：『父親啊！為何在每次主麻當你聽到宣禮聲時，總是替阿司阿

23 亞斯利伯即麥地那舊名，直到穆聖遷移到麥地那之後才改名。
24 這是他的暱稱，意思是「烏瑪瑪的父親」。

得・本・祖拿拉向真主ﷻ求饒呢？』父親回答道：『我的小兒子啊！他是第一個和我們在哈任・安那必（Hazm an-Nabīt）禮主麻拜的人啊！』我回問父親：『那麼你們當時有多少人呢？』他說：『有四十人。』」

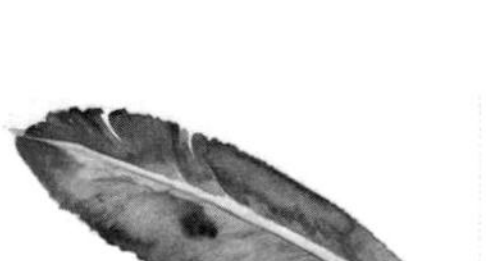

18.

穆薩伯・本・烏麥爾前往麥地那宣教的經過與影響

18.1 穆聖 ﷺ 命穆薩伯前往麥地那宣教

當那些阿爾・哈茲拉居部落和阿爾・阿烏司部落的人從麥加回到麥地那後，他們給穆聖 ﷺ 寫了封信，信中懇請穆聖 ﷺ 希望能派一位教授他們《古蘭經》的老師到麥地那來，其實穆聖 ﷺ 當時心裡也早有此打算，於是派遣聖門弟子穆薩伯・本・烏麥爾[25]前往。

穆薩伯・本・烏麥爾（Mus'ab Ibn 'Umayr）是屬於聖門弟子們中最高貴、品級極高的一位；他積極行善、樂意助人；曾經參

---

25 穆薩伯・本・烏麥爾又名阿布・阿布迪拉（Abu Abdillah，阿布迪拉之父的意思）。

與了第一次到阿貝西尼亞的遷徙，他也是伊斯蘭歷史上第一位由穆聖ﷺ親自任命至外地的信使。一來他肩負著迎接穆聖ﷺ到麥地那前鋪路的重責大任；再則他必須負責教導有關伊斯蘭的知識。穆薩伯出身於麥加的名門世家且是家中的獨子。從小就備受寵愛，他的家境富裕，所以無論是衣著或是身上所用的香精都非常講究，都是當時最美、最頂尖的極品，他受到了最好的照料。由於穆薩伯入教時年紀很輕，他知道家人不可能贊同他的決定，所以一開始隱瞞了入教的事。之後當他的母親獲悉他已入教時非常憤怒，便軟硬兼施地想逼迫他放棄伊斯蘭，但不管她如何地求他，穆薩伯都不為所動，於是他的母親便開始處處地刁難他，甚至將他關禁閉，並斷絕對他所有的經濟來源，至使穆薩伯一貧如洗。但穆薩伯為了信仰，他情願犧牲富裕的生活。在獲得逃脫的機會之後，穆薩伯便和家人脫離了關係，從此過著清苦的日子。

直到穆聖ﷺ任命穆薩伯到麥地那去時，他已經是一位非常優秀的聖門弟子了。行前穆聖ﷺ叮囑他一定要教授《古蘭經》還有為他們解說伊斯蘭教法，並且要他親自擔任伊瑪目帶領當地的穆斯林禮拜。穆聖ﷺ知道麥地那這兩大部落的人心裡還有著過去的種種爭執的陰影，如果是讓其中一方的人帶拜另一方則一定不願跟拜。由於穆聖ﷺ所賦予的這兩項任務使得穆薩伯獲得了雙重尊貴的頭銜，一是讀經者（Qāri’）；二是教授《古蘭經》讀與唸的老師（Muqri’）。在麥地那停留的期間他住在了阿司阿得・本・祖拿拉的家中。

穆薩伯到達麥地那後不遺餘力地推展宣教的工作，麥地那的穆斯林都全力地支持穆薩伯，果然在短短的時間裡就有許多的人接受了伊斯蘭，伊斯蘭迅速地在麥地那傳播開來。阿司阿得·本·祖拿拉是穆薩伯身邊最得力的助手。正當他們研究著如何能使宣教工作更順利的進行時，他們想到了沙阿德·本·姆阿司（Sa'd Ibn Mu'āḏ，此段簡稱沙阿德）與烏誰依得·本·忽熱易爾（Usayd Ibn Ḥuḍayr，此段簡稱烏誰依得）這兩個人。他們都是阿布得·阿爾·阿須哈爾（'Abd al-Ašhal）部落的人，在部落裡非常受到敬重、深具影響力，所以只要他們接受了伊斯蘭，一定會影響其他人紛紛加入這個信仰，這樣會使部落中其他的人信仰的道路容易許多。

18.2 沙阿德與烏誰依得入教

有一天阿司阿得陪同穆薩伯到一個地方，這裡是屬於阿布得·阿爾·阿須哈爾部落和讓福爾（Ẓafr）部落。他們走到撒福爾部落的花園中，許多剛接受伊斯蘭的聖門弟子們圍坐在一口水井旁，穆薩伯在那裡教授他們有關伊斯蘭的知識。沙阿德和他的朋友烏誰依得這時也在這花園的另一端中。當沙阿德遠遠地看到穆薩伯和一群人談論伊斯蘭的這一景象時，他心裡非常惱怒，真想給這些人一點顏色瞧瞧，但是又礙於自己和阿司阿得是表兄弟（他們的母親是親姐妹），他不想因此得罪自己的表兄弟，於是他和他的好朋友烏誰依得商量著說：「不如你上前去責罵那兩個到我們的地盤上來的人吧！，這些人他們就要毀了我們部落裡的那些意志薄弱的人了。將他們趕走吧！不准他們再到我們的地方上來！要不是衝著阿司阿得是我的親戚，這事我就自己來了！他是我的表兄弟，我不允許自己和他有這樣的衝突。」

聽完沙阿德的話，烏誰依得拔起他的劍朝著穆薩伯他們走了過去。阿司阿得看見烏誰依從遠處走了過來，他馬上提醒穆薩伯說：「現在朝你走來的是他們部落裡最有名望的人。他是他部落裡的首領與當家。為了真主 ﷻ 你當盡力和他談。」穆薩伯回答說：「他要是和我們一起坐下來，我就和他談。」烏誰依得一來便開始大聲喝斥著說：「你們這些人來就是想毀了那些意志薄弱的人！還想活命的話就趕緊走！」穆薩伯絲毫不受威脅，他從容、沉穩並用良好的態度、友善的口吻回答道：「不如你和我們一起坐下來聽聽我的話，若是你聽完後覺得滿意便是好，若不是，再用你所想要的方式阻攔我們便是！」烏誰依得聽完同意著說：「你是公平的！你說的有理！」話說完就把他的劍插入泥土中坐了下來。

大家一起坐下來後穆薩伯便開始為他解說了伊斯蘭，並且誦讀了《古蘭經》。穆薩伯和阿司阿得說：「我們以真主 ﷻ 的尊名起誓，烏誰依得聽完了解說和《古蘭經》後，他尚未開口，我們卻已經看見了伊斯蘭是如何照亮了他的臉，並使他的身體放鬆了下來。」然後烏誰依得連連稱讚的說：「這些話真是太美了！它太好了！」他問：「如果有人要接受這個信仰你們會讓他如何呢？」他們說：「你當潔淨你的身體和你的衣服，說清真言而後禮拜。」烏誰依得按照他們的指示洗了大淨、換了件乾淨的衣裳，說了清真言後便禮了兩拜。之後烏誰依得告訴他們：「在我之後會有一個人過來，若是他能接受伊斯蘭，那麼部落的人都會歸順伊斯蘭。我現在去把他叫過來，他是沙阿德．本．姆阿司」，說完便拿著劍向沙阿德走去。

沙阿德遠遠地看見烏誰依得向他走來，他驚訝的自言自語說：「我以真主ﷻ的尊名起誓，烏誰依得去了他們那裡，他去時和回來時的臉色完全不同。」烏誰依得走近時沙阿德問他：「你做了什麼啦？」烏誰依得回答道：「我和他們兩人談過話，我沒發現他們有何不軌之處，他們是守規矩的。我跟他們說了禁止他們做的事，他們都答應了。但是有人告訴我哈里薩賀（Ḥāriṯah）部落的人正在來這兒的路上，他們想要逮住阿司阿得，因為他是你的表兄弟，殺了他好貶低你、侮辱你。」烏誰依得用這樣的激將法刺激他，是因為他知道沙阿德是個很重視榮譽心與尊嚴的人，這樣一來他便會主動去找穆薩伯和阿司阿得。沙阿德一聽此言果然怒不可遏，抓起自己的劍朝著他們衝了過去。可是當他到了那裡卻見到這兩人安然無恙地坐在那裡時，他才知道自己是中了烏誰依得的計了。阿司阿得遠遠地見沙阿德正往他們走來時，便告訴穆薩伯：「我以真主ﷻ之名起誓現在朝你走來的是他們部落裡最有名望的人，也是部落的首領，他要是接受了伊斯蘭，所有的人都會群起效仿。」沙阿德一見到他們兩人後便開始咒罵起來：「我以真主 ﷻ 之名起誓！阿布・烏瑪瑪要不是我與你有著這層親戚關係，我會讓你瞧瞧我的厲害。你把我們所痛恨的帶進了我們的家中。」穆薩伯等他說完便開口說：「你不想坐下來聽聽我們的談話嗎？若是你聽完後覺得滿意那就接受它追隨它；若是你聽後還是痛恨它，認為這不是你所想要的！那麼我們就避免做你不想要的事便是！」沙阿德聽完後同意著說：「你是公平的！你說的有理！」話說完就把他的劍插入泥土中便坐了下來。

穆薩伯接著為他解說了伊斯蘭並且誦讀了《古蘭經》。就像是剛剛他們看見烏誰依得的反應一樣，此時沙阿德的臉上也散發著光彩，他緊繃的身體放鬆了下來。沙阿德問：「如果有人要接受這個信仰你們會讓他如何呢？」他們告訴他：「你當潔淨你的身體和你的衣服，說清真言而後禮拜。」之後沙阿德洗了大淨、換了乾淨的衣裳，他說了清真言後也禮了兩拜。

拜後，沙阿德提起自己的劍走回部落的聚會處。烏誰依得也已坐在那裡等候著他，沙阿德部落裡的人看見沙阿德回來時說：「我發誓沙阿德回來時臉上煥然一新宛如有個新的臉龐，這和去時完全不同！」沙阿德這時開口問他的族人們說：「阿布得・阿爾・阿須哈爾部落的人啊！你們覺得我和你們之間的關係如何？」部落的人回答他說：「你是我們的首領，我們之中你有最好的意見，你是最值得信任的人，也是我們的領導。」沙阿德說：「那麼我宣佈從現在起我禁止自己和你們任何一人談話。直到你們接受真主 ﷻ 與他的使者為止。」事後沙阿德說：「我以真主 ﷻ 之名起誓！那天晚上阿布得・阿爾・阿須哈爾部落的人無論男女所有的人都接受了伊斯蘭。」而且所有阿布得・阿爾・阿須哈爾部落的人在接受伊斯蘭教之後沒有一個人成為偽君子，他們全都是忠誠的信士、正義的穆斯林。

阿司阿得和穆薩伯回到了自己的住處繼續宣教，在短短的時間內麥地那沒有任何一戶人家中沒有穆斯林的，人數也迅速的增加。輔士中有一人他在烏胡德（Uḥud）戰役那天才入教，他就是阿爾・烏撒依禮印・阿莫爾・本・撒必得・本・瓦各須（al-Uṣayrim ʻAmr Ibn Ṯābit Ibn Waqš，此段簡稱阿爾・烏撒依禮印）他說完清真言還來不及禮拜便戰死在戰場上成為烈士。穆聖 ﷺ 說：「他未禮過一拜便榮登天堂。」

18.3 真主 ﷻ 使麥地那成為伊斯蘭的沃土

學者阿爾・布提說：「穆聖 ﷺ 和聖門弟子們在麥加宣教整整十三年，這十三年艱辛的歲月裡他們一再地嘗試，希望古萊氏的人們能敞開心胸接受伊斯蘭，使麥加成為孕育伊斯蘭的一片大地，讓伊斯蘭能奠下穩固的根基；在未與麥地那人訂下誓約之前的十一年中，穆聖 ﷺ 竭力地在麥加的各個部落尋求支持，希望他們接受伊斯蘭，若不能也希望他們不要阻撓他宣教。不料事與願違。穆斯林一直是生活在威脅、傷害、壓迫之下，種種問題不斷地加諸在他們的身上，古萊氏人甚至用三年的禁令來封鎖他們，這些傷害不僅是口頭上或身體上的，更甚至是心靈上的傷害。於是穆聖 ﷺ 嘗試向那些到麥加朝覲的部落們尋求支持，但是成果不佳。直到宣教的第十一年他終於遇見一群來自麥地那的阿拉伯兩大部落的人，他們對伊斯蘭有興趣並且願意敞開心胸接受它。

在整個宣教的過程裡，我們在穆聖 ﷺ 或者是聖門弟子們的身上看不到一絲的猶豫，而穆聖 ﷺ 更是他們之中最為堅定的人，即使宣教的情況如此艱難，他依然積極地尋求宣教的新方法，他的意志是如此地堅定，他的道路是那麼的明確，他對真主 ﷻ 的信任是那樣的深，那樣的屹立不搖。他的所行與堅持便是聖戰。真主 ﷻ 為傳播伊斯蘭的光明而派遣了他，只要是真主 ﷻ 的意願，他就在那兒，他是一位忠貞不移的僕人。他深知身為僕人的他責無旁貸，儘管面臨的是多大的困難、多大的災難，他還是堅定不移。直到真主 ﷻ 使麥地那成為伊斯蘭的沃土。

學者阿爾・布提認為我們可以從中學到的智慧是：

✧ 真主 ﷻ 決定一切

伊斯蘭終於開花結果，但是這個成果並非來自穆聖 ﷺ 古萊氏的族人，而是在麥加以外的地方。穆聖 ﷺ 在麥加撒下信仰的種子而成果則是在麥地那呈現。

或許我們會問為什麼會這樣？那些與他土生土長的族人該是對他認識最深的人，應該是最要相信他追隨他的人，但事實並非如此。使伊斯蘭在麥地那開花結果是真主ﷻ的一個巨大智慧，非信徒或是對伊斯蘭旁觀的人都無法將穆聖ﷺ宣教的道路歸類於他私人或政治或民族主義運動。無疑的是他的宣教並不為權勢，不為社會階級。而如今這些宣誓效忠追隨他的麥地那人，他們是一些遠在四百公里外的外地人；他們承諾給予他庇護，願意成為他的士兵，對於他和他所肩負的任務給予最大支持；這些外地人馬上接受了穆聖ﷺ，是因為他們理解了伊斯蘭是真主ﷻ的訊息，一個為使所有的民族所有人類幸福的訊息。為宣揚伊斯蘭，真主ﷻ精選了一個不會讀也不識字、卻有著驚人的智慧與知識的人成為他的使者，真主ﷻ親自教育訓練這位使者，並且使他成功。真主ﷻ使他從小便沒有雙親，在祖父的保護與栽培下成長，他所失去的這些條件卻也是他日後宣教更為容易的原因，它使人們容易接受他。穆聖ﷺ在麥加的宣教時間裡，他從不氣餒也不放棄一直努力堅持，這也是他成功的原因，如今他是成功了但成果並不在他自己的族人。

✧ 穆聖ﷺ為麥地那帶來和平的希望

麥地那的居民主要是由阿爾．哈茲拉居和阿爾．阿烏司兩大阿拉伯部落，與三個猶太人部落組成，它們分別為那日爾（Banū an-Naḏir）、嘎伊努嘎（Banū Qaynuqā‘）和古萊壞（Banū

Qurayẓah）。其中那日爾部落，嘎伊努嘎部落與阿爾·哈茲拉居部落同盟，而古萊壤部落則是與阿爾·阿烏司部落同盟。猶太人勢力薄弱，便經常在阿爾·哈茲拉居部落和阿爾·阿烏司部落當中挑撥離間，這些猶太人經常對麥地那人說，有一位最後的使者即將到來，他們多麼期望這位備受賜福的使者會出現在他們之中，這樣一來他們便可以揚眉吐氣。他們藉機威脅麥地那人說：「只要這位最後的使者出現，我們便會立刻追隨他，到時候我們就會殺了你們。」在與穆聖 ﷺ 見面之前的幾年，這兩個部落才剛經歷了一場死傷慘重的大戰爭，許多重要的首領和貴族都在那場戰爭中犧牲。麥地那人早已厭倦戰爭，直到伊斯蘭在麥地那出現。真主 ﷻ 使麥地那人心理上做好準備，接受他的訊息並接待穆聖 ﷺ 給予支援。麥地那人非常期望穆聖 ﷺ 能解救他們並藉由他的吉慶為他們帶來和平，使這兩大族人重修舊好聚集成為同心協力的一大民族，如同多年前猶太人未出現前一般。

✧ 作證詞就如同開啟伊斯蘭的一把鑰匙

我們在阿爾·阿各巴誓約中看到第一批麥地那人如何地接受伊斯蘭，他們了解到信仰並非只是單單說出作證詞。進入伊斯蘭就如同進入一個房間，作證詞就如同一把鑰匙，在相信並且說出它的同時獲得了這把鑰匙，再用這把鑰匙打開信仰的心房。這個房間和一般的房間一樣，它也需要佈置、裝飾、點綴。對他們來說發自內心相信伊斯蘭既是安全也是安定。作證詞是誓約也是規則。它使說的人的行為舉止都與作證詞的內容和諧為一，一種屬於內在與外在合而為一的和諧。心裡所想的會呈現在外表。對麥地那人而言，他們的第一件責任與義務便是相信真主 ﷻ，不為真主 ﷻ 舉伴，將偶像徹底從他們的生活中與他們的心裡驅逐。同樣地，外在不好的行為也必須消除、終止。他們承諾不偷、不搶、不做奸淫之事、不活埋女孩、不欺騙、不說謊，只要穆聖 ﷺ 要求他們該做的好事便去做。這些都是第一個阿爾．阿各巴誓約中的內容並且在宣誓後便得馬上執行，這些原則其實都是伊斯蘭社會的主要規則。穆聖 ﷺ 訊息中的重點不只在於說出作證詞而是遵循，信仰中有必須承擔的責任與義務。一個人在他說出作證詞的那一瞬間他便成了穆斯林。真主 ﷻ 觀察我們的心是否是真誠地相信與接受，真主 ﷻ 所禁止之事即是禁止的，真主 ﷻ 所允許之事即是允許的，即使還沒有實踐它，他必須要清楚知道自己的義務是什麼？實踐伊斯蘭當然不是只說不做，要使信仰能完整便是需要教育與認知。我們的每個決定都為真主 ﷻ 而定，每一步都為真主 ﷻ 而行，每一步要斟酌它是否合法？它是否為真主 ﷻ 所允許？我們的每一步決定權都在真主 ﷻ、判決也在真主 ﷻ，他是我們的養主，他訂立了應遵守的法規，我們的義務就是去遵守它。

實踐教門、遵守伊斯蘭的規則不只限於清真寺內；倘若伊斯蘭的規則僅限於清真寺內，那麼古萊氏的非信徒們也不會覺得受到了威脅而反對，真主 ﷻ 警告我們不應當有如此的思想。無論是在哪裡都執行真主 ﷻ 的法令，無論是在穆斯林的社交圈裡還是在非穆斯林的社交圈，穆斯林執行真主 ﷻ 的法令不變。

《古蘭經》4 章：60 節：

「難道你沒有看見嗎？自稱確信降示你的經典和在你之前降示的經典的人，欲向惡魔起訴 —— 同時他們已奉令不要信仰他 —— 而惡魔欲使他們深入迷誤中。」(*)

✧ 穆民的責任

穆聖 ﷺ 在他生活的那個年代是宣教工作最主要的負責人，因為他居最高的領導者之位。而對於後來世世代代的穆斯林，他們的責任又是什麼呢？一個最好的例子就是聖門弟子穆薩伯．本．烏麥爾。他是第一位被派遣至麥地那去的信使與老師，也就證明了繼穆聖 ﷺ 之後穆薩伯不是唯一一個受命號召人們崇拜真主 ﷻ 信仰伊斯蘭的人，這是一個所有的穆民都必須共同承擔的責任。穆薩伯高興地接下他的任務，他在穆聖 ﷺ 身邊的這些時間裡，無論是穆聖 ﷺ 的耐心、熱心勤奮、努力與堅持的精神，他都盡全力仿傚這位世人最好的榜樣，然後把他所學應用在麥地那的宣教工作中。從穆聖 ﷺ 那裡學到的智慧，使他以友善的笑容戰勝前來取他性命的殺手。他就像是穆聖 ﷺ 在麥地那撒下的一顆種子，在短短的時間內便迅速地傳播開來並且孕育了豐盛的果實。穆薩伯原本是一位備受寵愛的富家子弟，而他願為伊斯蘭捨棄了一切的寵愛與榮華富貴。當他在烏胡德戰役以烈士的身分戰死時，聖門弟子們在他身上找不到足夠的衣服足以覆蓋他，蓋住了頭便露出了腳，當穆聖 ﷺ 聽到這個悲痛的消息時難過的哭泣，他命令弟子們用穆薩伯身上的衣服蓋住他的頭和上半身，其餘不足的部分則用樹葉遮蓋。綜觀穆薩伯的一生，他以行動說明了，號召信仰伊斯蘭不只是穆聖 ﷺ 和第一代聖門弟子們的責任，而是所有的穆民群體。

19.

阿爾・巴剌與禮拜朝向

自從穆薩伯・本・烏麥爾受了穆聖 ﷺ 的派遣來到麥地那宣教之後，穆薩伯以他的正直與勤奮再加上輔士們的大力相助，伊斯蘭已是家喻戶曉，每一戶人家裡都有人成為了穆斯林。一年後，一群麥地那的穆斯林決定和部落裡的非穆斯林一同到麥加朝覲。與穆薩伯同行的穆斯林們與穆聖 ﷺ 約定好在 Tašrīq[26] 的第二天在阿爾・阿各巴見面。這一行人之中有卡阿伯・本・馬立克（Ka‘b Ibn Mālik，此段簡稱卡阿伯），他是當時有名的詩人、族裡的名人和阿爾・巴剌・本・馬盧爾（al-Barā’ Ibn Ma‘rūr，此段簡稱阿爾・巴剌）也同樣是族裡非常受敬重的人。當他們一行人在前往麥加的途中阿爾・巴剌向其他人提出自己的想法，他認為他們應當面向麥加天房禮拜（當時禮拜的朝向為遠寺），因為

---

26 宰牲節的第二至第四天稱之為 Tašrīq，穆聖 ﷺ 與他們相遇的時間為曬肉日（Taschrieq）的第二天，也就是宰牲節的第三天。

面向了遠寺就會背對天房，所以他決定改為面向天房禮拜。對於他提出的這個建議，其他聖門弟子的看法則是：「我們以真主ﷻ之名起誓，我們沒有被告知穆聖ﷺ除了遠寺以外有其他的禮拜方向，我們不願和穆聖ﷺ有所區別。」之後這一路上聖門弟子們仍然朝遠寺禮拜，但唯獨阿爾・巴剌除外。

在麥加他們終於和穆聖ﷺ見面了，穆聖ﷺ當時和他的伯父阿爾・阿巴斯正坐在天房旁（阿爾・阿巴斯當時還未入教）。穆聖ﷺ問他的伯父：「你是否認識這兩個人，噢！阿布・法得爾（Abū Faḍl）[27]。」他回答說：「是的！阿爾・巴剌・本・馬盧爾是他們族的族長，另外一位是卡阿伯・本・馬立克。」穆聖ﷺ追問：「是那位有名詩人嗎？」阿爾・阿巴斯回答：「是的。」

阿爾・巴剌和穆聖ﷺ報告了他自己在旅途中改變了禮拜方向並且說明了他對群裡所提出的建議。他問穆聖ﷺ：「噢！真主ﷻ的使者呀！你的看法如何？」穆聖ﷺ回答他說：「你是在朝向上了，但是你應該有些耐心！」穆聖ﷺ提醒他不需要為旅途中因改變朝向而補拜，但是他不應當依自己的想法而改變功修，而是以聖人的行徑為基準。因此與他同行的聖門弟子們的決定才是對的。

卡阿伯・本・馬立克回憶說：「自此之後，當阿爾・巴剌和

---

27 穆聖ﷺ稱呼阿爾・阿巴斯為阿布・法得爾，意思是法得爾的父親，這是穆聖ﷺ對阿爾・阿巴斯的尊稱。

大家一起禮拜時，他再也沒有朝天房方向禮拜，而是朝遠寺禮拜。」日後當阿爾·巴剌在麥加重病垂危時，他特意囑咐家人讓他面向天房，穆聖ﷺ未到達麥地那前的一個月他便去世了，他將自己三分之一的遺產留給穆聖ﷺ，因此也成為了史上第一位將三分之一的遺產捐出的穆斯林。

✧ 學者評論

從上述的事件中對於阿爾·巴剌建議改變朝向一事，聖門弟子在這件事情上的處理態度非常重要，他們清楚地表示：「我們沒有被告知說穆聖ﷺ朝天房禮拜，我們堅決不做與他有所區別之事。我們看到穆聖ﷺ面向遠寺禮拜，我們只做從他那裡所學到的，或被告知穆聖ﷺ所做過的，不做其他。」誰若是做了與穆聖ﷺ在宗教信仰不同之事，就成了「例外」之事。原則是我們沒有從穆聖ﷺ那裡獲得的事，不去做「創新」（Bidà）。在這裡要特別提醒強調的是聖門弟子們向阿爾·巴剌表明他們的立場，但是並沒有因為阿爾·巴剌改向天房禮拜而與他敵對或者視他為出教的卡非爾（Kafir）或是多神教徒（Mushirikin），又或者辱罵他是做了「創新」的事。他們依舊朝遠寺禮拜，而讓阿爾·巴剌一個人向天房禮拜，他們之間並沒有起任何衝突。

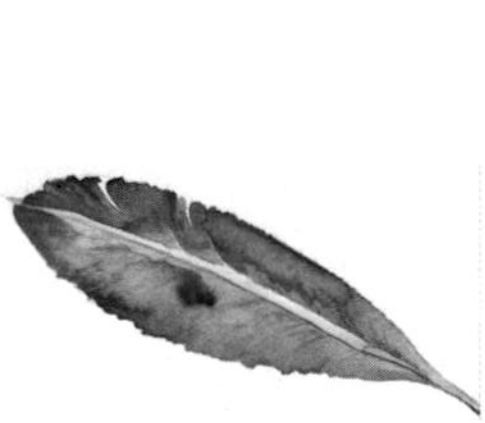

20.

阿布都拉・本・阿莫爾・本・哈倫姆的入教

在這一行麥地那朝覲團中有一名當時尚未入教的人，名為阿布都拉・本・阿莫爾・本・哈倫姆（‘Abdullāh Ibn ‘Amr Ibn Ḥarām，此段簡稱阿布都拉）。卡阿伯傳述道：「當我們完成了朝覲時，有一天晚上我們與穆聖ﷺ相約碰面，阿布都拉有一個兒子名叫加必爾（Ğābir）當時已入教。阿布都拉當時是一位部落首長，雖非穆斯林但是聖門弟子們也帶上他同行。與穆聖ﷺ碰面的地點非常隱密。」半夜裡當非穆斯林們入睡之後。他們悄悄地離開他們的帳篷來到與穆聖ﷺ約定的地點。

在去的路上聖門弟子們和阿布都拉談話，他們對他說：「你是我們當中最受尊重的人之一，你是個高貴之人，如果你死後的歸宿是火獄，你將會成為火獄的一部分，那將使我們非常痛心！」卡阿伯傳述道：「聖門弟子們邀請阿布都拉接受伊斯蘭並且告訴他，他們馬上就要與使者穆罕默德ﷺ相會，就在這段前去阿爾．阿各巴的路上，阿布都拉說出了清真言，之後他甚至成為阿爾．阿各巴誓言的負責人。」卡阿伯又描述了那夜的經過，他說：「那一夜我們與我們同團的人睡在一起，等到入夜三分時我們悄悄地離開了帳篷，我們秘密地來到約定之處阿爾．阿各巴。我們共有七十三個男的、兩個女的。這兩位女人分別為努撒衣巴．本特．卡阿伯（Nuṣaybah Bint Ka‘b，又稱烏姆．烏瑪拉），她是安．那甲爾部落人，第二位是阿思瑪．本特．阿莫爾．本．阿答依．本特．拿比（Asmā’ Bint ‘Amr Ibn ‘Adī Ibn Nābī，又稱烏姆．馬妮〔Umm Manī‘〕），她是沙拉瑪部落（Banū Salamah）人。」在另外一個伊瑪目阿爾．哈金姆（Imām al-Ḥākim）的傳述中提到的人數有七十五個男的、一個女的。而在其他的傳述則是提到人數有七十個男的、一個女的。學者總結說：「重要的並不在於人數的多寡，而是在這裡我們看到在當時的聖門女弟子們並不只是家庭主婦，她們不落人後主動地參與許許多多像這樣的重要歷史事件，在往後的歷史中我們將會看到更多關於這些聖門女弟子們的英勇事蹟，看她們是如何竭盡全力為伊斯蘭奮戰、犧牲。」

21.

第二次阿爾·阿各巴誓約

21.1 麥地那人再度與穆聖 ﷺ 簽訂誓約

當穆聖 ﷺ 的伯父阿爾·阿巴斯從穆罕默德 ﷺ 那裡獲悉他準備和一群來自麥地那的人碰面並且準備遷徙到那裡去時，他決定親自陪同穆罕默德 ﷺ 去參加這個聚會。

卡阿伯敘述說：「我們集合之後便等待著穆聖 ﷺ 的出現，穆聖 ﷺ 和他的伯父阿爾·阿巴斯來了，那時阿爾·阿巴斯仍守著他族人的舊信仰還未接受伊斯蘭，兩人的信仰雖不同但他仍關心自己侄子的未來。如果穆罕默德 ﷺ 真的遷徙到麥地那去，這些人是否值得相信？是否會真心的願意支持並保護他侄子的安全，這些人是否知道這件事有多麼地危險？有可能他們得為此付出極大的代價！所以他要親自參加這個聚會。

「當參與聚會的人都到齊時，阿爾·阿巴斯坐在穆聖 ﷺ 的身旁先開口說：『阿爾·哈茲拉居的人啊！你們知道穆罕默德對我們而言意味著什麼嗎？他是我們家族中備受敬重的一份子！我們保護他、支持他，為了他對抗那些和我們有著相同信仰的人（這裡指的是家族的人為了支持穆罕默德ﷺ而選擇對抗那些古萊氏的人，那些和他們一樣都是守著舊信仰的人）。他在我們的族人中受尊敬，在我們的地方上受保護，但是他還是決定到你們那裡去加入你們。所以如果你們相信可以堅守這個誓言對他忠誠，實踐對他的諾言，在面對敵人時保護他，這是你們的自由決定。但是如果你們之中有人想把他交出去或者在他到達你們那裡之後又放棄對他的支持，那麼就讓他留在我們這裡吧！在這裡他受著保護，在這裡他獲得尊嚴。』聽完阿爾．阿巴斯的話後我們對穆聖ﷺ說，噢！真主ﷻ的使者！我們聽到了你伯父所說的了，告訴我們你和你的主的要求吧！我們聽憑你命令！我們已經準備好了！」

這時曾參與了第一次的阿爾．阿各巴誓約的阿爾．阿巴斯．本．拿資拉賀，他對族人們說：「阿爾．哈茲拉居的人啊！你們知道跟這個人訂立誓約意味著什麼嗎？你們清楚如果你們和他訂下誓約必須做什麼嗎？」所有的人都回答道：「是！」之後他告訴他們：「你們和他訂下誓約，表示你們願意為了保護他而與敵人奮戰！與所有與他為敵的人而戰！如果你們擔心因此將在災禍中失去你們的財產，犧牲你們的士兵，如果你們要將他交給敵人，那麼現在就不要訂下誓約！因為如果你們這麼做了，我以真主ﷻ之名起誓，對你們而言這是你們在今世與後世的恥辱。如果你們相信你們可以對這個誓約忠誠，對他承諾犧牲，不管你們的財產是否受損或是你們所尊敬的領導因為保護他而犧牲，那麼就接受他吧！我以真主 ﷻ 之名起誓，這對你們而言是今世與後世最好的。」他們回答說：「就算我們的財產有面臨災難的危險，也可能失去我們之中受尊敬的人，儘管如此我們也願意接受他！」然後這些人面向穆聖 ﷺ 問說：「噢！真主 ﷻ 的使者啊！如果我們忠實於你，並且實踐了我們的誓約，那麼我們的代價是什麼呢？」穆聖 ﷺ 回答他們說道：「天堂！」聽完穆聖 ﷺ 的話他們說：「那伸出你的手來吧！」穆聖 ﷺ 伸出了他的手，這時麥地那人握住了它交出了他們的誓言。

阿爾・阿巴斯・本・拿資拉賀對他們的談話，目的是為了讓他們清楚地了解立此誓約並非遊戲，這個誓言代表著榮耀、代表著他們將要背負的重責大任，因為它意味著可能得犧牲許多的財產或無數的生命。但是相對的這項決定卻會為他們帶來今世與後世最好的報酬，所以他們應該想清楚並且有意識地做決定。

之後穆聖 ﷺ 為大家誦讀了《古蘭經》並且做了一次講道，在話中他呼籲大家要相信真主 ﷻ，留意真主 ﷻ 所賜予的恩典，還有真主 ﷻ 藉由伊斯蘭信仰所帶來的恩賜與仁慈。接著他為大家解釋這個誓約，和他對大家的要求，「我從你們這裡拿到你們的誓言，你們必須發誓會在保護你們的孩子與保護你們的婦女之前保護我。」

穆聖 ﷺ 話一說完，阿爾・巴剌・本・馬盧爾便抓著穆聖 ﷺ

的手說：「我以真理派遣你來主的尊名發誓！我們將會在保護自身、保護我們的婦女之前保護你，接受我們的誓約吧！我以真主 ﷻ 之名起誓，我們是有戰鬥力、有武器的一群。我們會保護你。從我們的祖輩們起代代都是經過訓練的，我們是經過精良鍛鍊的士兵。」此時穆聖 ﷺ 暗示想發言的人說話的內容必須盡量簡短以節省時間，穆聖 ﷺ 知道他們是偷偷地脫隊來到這裡的，必然不想讓隊上的人發現也可避免一些麻煩。

（學者提示我們從穆聖 ﷺ 的這一番話足見他偉大的智慧以及他的深思熟慮，他既教導了當時的麥地那人也教導了現今的我們在行事上必須謹慎、有警覺性，以當時的情況來看麥地那人其實隨時身處危機中。）

在阿爾·巴剌·本·馬盧爾之後阿布·爾·海薩姆·本·阿特泰依漢（Abū al-Hayṯam Ibn at-Tayhān，此段簡稱阿布·爾·海薩姆）接著也做了一番談話，他說：「真主 ﷻ 的使者啊！我們和在麥地那的猶太人有過約定但是我們會結束它。我的問題是：如果我們履行了對你的誓言，而真主 ﷻ 也賜予了你勝利，伊斯蘭已宣揚開來且局勢已控制住後，你會離開我們（麥地那）回到你的族人（麥加）那裡嗎？因為你，我們結束了與猶太人的約定，然後你就留下我們而回去嗎？」穆聖 ﷺ 聽完他的話微笑著說了一句俗語：「血即是血，破壞即是破壞。」這句話經常被使用在盟約上，它的大意是：「當你流血時我也不會倖免，你的房子被破壞時我的房子也不會安然無恙，在你身上發生的事一樣也會發生在我身上，我絕不會置身事外，如果你與人戰鬥我也會參與戰鬥。」穆聖ﷺ說的這些話是為了對麥地那人保證，他一定會像他們一樣忠誠地守住這個誓約甚至遠超越於他們。他又繼續說：「我是你們中的一部分而你們是我的一部分。我們是互相屬於對方的。你們與誰戰鬥我就與誰戰鬥，你們與誰締結和平我就與誰締結和平。」穆聖ﷺ用最誠摯的方式做出宣誓，他以他自己作為麥地那人的保護者與支持者，這顯示出了麥地那人無比的榮耀，更顯示出了他們特殊的品級。穆聖ﷺ當時對他們表示不會離開他們。時至今日，即使歸真後他仍然留在麥地那與他們一起。

然後阿司阿得・本・祖拿拉問穆聖ﷺ說：「噢！穆罕默德ﷺ！問你的主！他要求我們行什麼樣的義務？再問你自己，你想要求我們什麼？然後告訴我們，如果我們辦到了，我們將獲得什麼樣的獎賞呢？」穆聖ﷺ回答說：「我為我的主命令你們崇拜他、侍奉他、不為他舉伴。我請你們為我麥加的同伴們提供住處，而且盡可能讓我們與你們同住。支持我們、保護我們如同你們保護自己一樣。」

他們說：「我們辦到的話，能獲得什麼呢？」

穆聖ﷺ答道：「天堂。」

他們同意並告訴穆聖ﷺ說：「你所要求的，你都可以得到。」

在這段談話之後，在場的麥地那人都交出了他們的誓約。

21.2 誰是第一個交出新誓約的麥地那人

至於誰是第一個交出新誓約的麥地那人在傳述中有不同的看法：

- 本・伊司哈葛傳述卡阿伯・本・馬立克傳述說，第一個交出誓約的人是阿爾・巴剌・本・馬盧爾。
- 那嘉爾（Naǧǧār）部落則認為第一個交出誓約的是阿司阿得・本・祖拿拉。
- 本・薩阿得（Ibn Sa‘d）在他的書《人物大傳》（*aṭ-Ṭabaqāt*）中傳述本・阿巴斯報告說第一個交出誓約的是阿司阿得・本・祖拿拉，第二個是阿爾・巴剌・本・馬盧爾，第三個則是烏誰依得・本・忽熱易爾。
- 阿布得・阿爾・阿須哈爾部落的人認為是阿布・爾・海薩姆・本・阿特泰依漢。
- 本・阿爾・阿希爾（Ibn al-Aṯīr）在他的書《聖門弟子傳記》（*Usd al-Ġābah*）[28] 中傳述第一個交出誓約的是卡阿伯・本・馬立克。

學者阿布・夏赫巴說：「之所以有不同的傳述是因為當時每個人說完話都抓著穆聖 ﷺ 的手交出誓言，而當時的情況極其緊張，夜色又昏暗，每個人都盡量放低聲音，所以不是每個在場的

28《聖門弟子傳記》這本書是傳記，專門研究聖訓傳述人的生平。

人都能詳知發生的每個細節。但不管是第一個或最後一個交出誓言的人，他們每個人都是值得尊敬的。」

21.3 穆聖 ﷺ 從麥地那人中新選出十二個領導人

當所有人都交出誓言之後，他們互相承諾並互相提醒雙方的條件，穆聖 ﷺ 在他們之中選出了十二個領導人，這些人負責承擔照顧他們族人的責任，這十二人其中有九人是阿爾・哈茲拉居部落的人而其他三人則為阿爾・阿烏司部落的人。

✧ 阿爾・哈茲拉居部落

- 阿司阿得・本・祖拿拉（Asad Ibn Zurārah）
- 沙阿德・本・阿拉比（Sa‘d Ibn ar-Rabī‘）
- 阿布都拉・本・拉瓦哈（‘Abdullāh Ibn Rawāḥah）
- 拉菲依・本・馬立克・本・阿爾・阿巨朗・阿茲匝拉葛依（Rāfi‘ Ibn Mālik Ibn al-Ağlan az-Zuraqī）
- 阿爾・巴剌・本・馬盧爾（al-Barā’ Ibn Ma‘rūr）
- 阿布都拉・本・阿莫爾・本・哈倫姆（‘Abdullāh Ibn ‘Amr Ibn Ḥarām）
- 歐巴岱・本・阿斯薩米特（‘Ubādah Ibn aṣ-Ṣāmit）
- 沙阿德・本・烏巴達（Sa‘d Ibn ‘Ubādah）
- 阿爾・穆特希爾・本・阿莫爾（al-Muṭhir Ibn ‘Amr）

✧ 阿爾・阿烏司部落

- 烏誰依得・本・忽熱易爾（Usayd Ibn Ḥuḍayr）
- 沙阿德・本・海依撒瑪（Sa‘d Ibn Ḫayṯamah）
- 禮發阿・本・阿布德・阿爾・目恩日爾[29]（Rifā‘ah Ibn ‘Abd al-Munḏir）

穆聖ﷺ對這些領導們說：「你們必須監護、照顧你們的族人，就如同聖人爾撒對他的門徒一樣，如我對遷士們一樣。」他們回答穆聖ﷺ說：「是。」這是穆聖ﷺ交給他們的責任，同樣的也是穆聖ﷺ對即將到麥地那去的遷士們的責任，他們都必須認真確實地做到。談話之後穆聖ﷺ准許他們離開並交代他們說：「你們應該分散著回到你們在米那（Mina）的帳篷。」阿爾・阿巴斯・本・烏巴達說：「真主ﷻ的使者啊！我以真理派遣你而來主的尊名起誓，如果你願意我們明天就用我們的劍與米那的人戰鬥！」穆聖ﷺ回答說：「真主ﷻ沒有如此命令我們，回到你們的帳篷去吧！」於是這些麥地那人如穆聖ﷺ的囑咐分批地回到他們的帳篷睡覺直到天明。

（學者提示我們，穆聖ﷺ囑咐了麥地那人盡量不動聲色、

---

29 本・希珊說：「學者中有人提到阿爾・阿烏司部落的領導人應該是阿布・爾・海薩姆・本・阿特泰依漢而不是禮發阿・本・阿布德・阿爾・目恩日爾。他們舉證詩人卡阿伯・本・馬立克在他的一首詩裡提到，這些領導們的名字，其中就有阿布・爾・海薩姆・本・阿特泰依漢，而不是禮發阿・本・阿布德・阿爾・目恩日爾。」

分散地回去，那是因為若是在人數眾多集體活動的情況下容易引起麥加人的猜疑，進而發現了他們的聚會，這是為了保護他們的人身安全。穆聖ﷺ是在教導所有的穆民在具有危險的特殊狀況下，凡事更是要謹慎小心。）

21.4 古萊氏的非信徒獲悉簽訂新誓約阻止未成

古萊氏的非信徒獲知麥地那人與穆罕默德ﷺ見了面而且雙方還立下了誓約的消息，一群人如火如荼地趕到阿爾・哈茲拉居人的帳篷裡憤怒地質問著說：「我們聽說你們和穆罕默德ﷺ訂了誓約，你們發誓保護他，還要幫他離開這裡，你們和他約定要對抗我們！我們以真主ﷻ之名起誓，我們痛恨因為他而與你們相戰，說吧！你們打算如何？」帳篷內的麥地那人（這裡指的是麥地那人中的那些非穆斯林）聽到這番話驚訝不已，發誓他們完全不知情，而他們之中的穆斯林則是觀望不語。古萊氏人找到阿布都拉・本・烏貝伊・本・沙鹿爾（'Abdullāh Ibn Ubayy Ibn Salūl），他當時也是一位非穆斯林的領導，阿布都拉的證詞也和阿爾・哈茲拉居部落的人一樣，他說這是一件大事，如果真的發生了這樣的事，他的族人是不可能隱瞞他的，他實在不知情。

古萊氏的非信徒之後又質問了阿爾・阿烏司部落的人，也獲得了相同的答案，他們也表示根本不曉得有這樣的聚會。這時朝覲已結束，麥地那人啟程離開麥加。而古萊氏的非信徒鍥而不捨地繼續調查這件事，因為他們確信這件事一定發生過，於是想要追回那些來麥加朝覲的麥地那人。不料他們慢了一步，麥地那人早已走得消聲匿跡。只有兩位被他們抓獲，他們是沙阿德·本·烏巴達（Sa‘d Ibn ‘Ubādah）和阿爾·穆特希爾·本·阿莫爾（al-Muṭhir Ibn ‘Amr），這兩人正是那十二位領導中的其中兩人。阿爾·穆特希爾·本·阿莫爾被抓後又伺機逃逸，而相較之下沙阿德·本·烏巴達就沒那麼幸運了。古萊氏的人將沙阿德的手捆綁在脖子上並用繩子扯著他走，一路上他們不斷地拉扯著他的頭髮並毆打著他，情急之下沙阿德想起在麥加有兩位曾與他有過保護協定的人，這兩位麥加人到麥地那經商時曾受過他的保護，現在他得好好利用這份人情了。於是在這兩個麥加人的保護之下沙阿德才又平安地回到了麥地那。

21.5 阿莫爾入教的經過

聖門弟子們在麥加做出第二次盟誓後回到了麥地那，他們越發積極地在地方上公開宣教，更加勤奮地呼籲人們加入伊斯蘭。當時麥地那的地方上還有些身分顯赫的人尚未接受伊斯蘭，其中有個人名叫阿莫爾·本·阿爾·甲目賀（‘Amr Ibn al-Ǧamūḥ，此段簡稱阿莫爾），他是沙拉瑪部落的人，他非常崇拜偶像，而他的兒子穆阿司·本·阿莫爾·本·阿爾·甲目賀（Mu‘āḏ Ibn ‘Amr Ibn al-Ǧamūḥ，此段簡稱穆阿司）卻已是一位積極宣教的年輕穆斯林。阿莫爾和其他的非信徒一樣崇拜著一個名叫馬那特（Manāt）木製的偶像。穆阿司這時正和另一位穆阿司・本・甲伯爾（Mu‘āḏ Ibn Ğabal）還有其他部落裡的年輕人們商議著，大家都認為阿莫爾是一位既有智慧又理智的人，他對族人有著很大的影響力，如果他們能贏得阿莫爾加入伊斯蘭的陣容，那對伊斯蘭的推展將會是一大助力。所以他們思考著該如何使阿莫爾關注到伊斯蘭這個信仰，他們想出了一個辦法。

夜裡當阿莫爾入睡後，他們取走了他的偶像馬那特並將它的頭栽入部落人用來如廁的洞內，隔日阿莫爾一起來便發現他的偶像馬那特不見了，他四處尋找他的偶像，終於在廁所的洞裡發現了它，他將馬那特洗淨並塗抹上香水後又放回原地，他百思不得其解到底誰會幹出這等事？他忿恨地咒罵著並告訴他的偶像說：「我用真主 ﷻ 的尊名起誓，等我找出是誰對你做出這等事，我一定會讓他難堪！」隔夜年輕人們故技重施把馬那特又丟入廁所洞內，隔日阿莫爾發現後又將它取出洗淨塗抹上香水重新放回原地。就這樣反反覆覆地過了幾天後，阿莫爾終於不耐煩了，他在馬那特的脖子上綁上他自己的劍並對著馬那特說：「我用真主 ﷻ 的尊名發誓，我不知道到底是誰幹的，如果他又來對你做這種事，你就為你自己防衛吧！劍就在你的身邊。」夜裡阿莫爾熟睡後，那幫年輕人又取走了馬那特和阿莫爾的劍，這次他們還在馬那特身上綁了一條死狗，將它們一起丟進了洞內。隔日阿莫爾又在同一個地方找到馬那特旁邊還綁了一條死狗，狗對阿拉伯人來說有咒罵之意，如今看見自己崇拜的偶像和一條死狗綁在一起，還被丟入那樣的污穢之地這實在是天大的恥辱啊！憤怒之餘阿莫爾突然一轉念他想通了，原來他崇拜的這樣的偶像是既無用也無害的呀！它倘若真有用處也會自救了。

這件事發生之後，當大家再試著和阿莫爾談關於伊斯蘭這個信仰時，他馬上就接受了並說出了作證詞。入教之後阿莫爾成為一個宣教有力的好幫手。阿莫爾十分感觸地作了一首詩，內容裡他表達出對真主 ﷻ 無限的感激，感激真主 ﷻ 拯救了他，使他從侍奉一個全無防衛能力的偶像的人，轉變成崇拜偉大獨一造物主的僕人，使他在未進入黑暗的墳地之前相信了穆聖 ﷺ 和他所帶來的真主 ﷻ 的訊息，使他將來能以一個信仰真主 ﷻ 之人的身分而歸真。

21.6 學者阿爾・布提對第二次阿爾・阿各巴誓約的評論

第二次阿爾・阿各巴誓約與第一次的情形相同的是，麥地那人兩次公開他們的信仰是伊斯蘭，他們都在穆聖 ﷺ 的面前唸出作證詞證明了他們的信仰，他們與穆聖 ﷺ 締結盟約並且承諾對他服從，崇拜真主 ﷻ 並且遵循真主 ﷻ 所要求的，忠誠地敬事真主 ﷻ 並以此為他們人生的目標。

但這兩次的誓約有兩點基本上的不同：

✧ 人數上的不同

第一次阿爾・阿各巴誓約參與的有十二個人而第二次的人數超過了七十人，而且這些人中還有兩位聖門女弟子的參與。

我們可以清楚地看到這是穆薩伯・本・烏麥爾與麥地那人努力宣教的結果。他們走進人群宣導並號召人們信仰伊斯蘭，以致伊斯蘭在短短的時間內變為家喻戶曉，成了每一個麥地那家庭中的談論話題，幾乎每戶人家都有人信仰了它。穆薩伯・本・烏麥爾與麥地那人的使命也是所有穆民的使命。穆聖 ﷺ 曾說：「如果真主 ﷻ 使一個人經由你引導而進入了伊斯蘭，這對你來說遠勝過於今世與今世中的所有。」在另一個傳述穆聖 ﷺ 則是說：「如果真主 ﷻ 使一個人經由你引導而進入了伊斯蘭，那遠勝於擁有一頭最好的品種、最高貴的駱駝（Humur Ann`am），遠勝於擁有最奢華的財富。」

✧ 內容上的不同

第一次締結誓約時，因當時的情況穆聖 ﷺ 並沒有對他們要求必須備戰；而在第二次阿爾・阿各巴誓約中穆聖 ﷺ 則是附加地要求麥地那人要在保護自己的孩子與家人之前保護他，這是提示著聖戰即將到來。聖戰在麥加的整個宣教時間裡未被允許，直到穆聖 ﷺ 到達麥地那後，真主 ﷻ 才降示了《古蘭經》的經文允許聖戰。

學者阿爾・布提解釋為何這兩次的誓約內容上會有所不同？

那是因為第一次締結誓約時當時並沒有戰鬥的需要，第一批來自麥地那的人與穆聖ﷺ約定之後，回到他們的族人那裡，臨走前他們和穆聖ﷺ約定了下一次的聚會，他們期望能與穆聖ﷺ有更大的誓約。而第二次的誓約是對第一次誓約的保證，保證他們將敬事真主ﷻ、追隨穆聖ﷺ，並且保護穆聖ﷺ的人身安全，支持他，無畏犧牲在必要時戰鬥。第一次的誓約的有效時間為一年，直到第二次的誓約被奠定下來。

第二次的誓約訂立時已預想戰爭極有可能發生，回顧當古萊氏人抓住沙阿德．本．烏巴達對他施以的殘暴行為來看，那早已有戰爭的徵兆，而今穆聖ﷺ準備離開麥加遷徙至麥地那，古萊氏不顧其勢力增強那麼勢必會盡其全力阻攔，所以保護穆聖ﷺ的安全措施是絕對有必要的。第二次的誓約即是遷徙的基礎。雖然真主ﷻ在當時尚未允許聖戰，但穆聖ﷺ知道這個「允許」即將到來，因此要麥地那人承諾支持他。

22.

關於聖戰與聖戰被允許的時間點

對於聖戰（Ğihād）被允許的時間點，本・希珊（Ibn Hišām）在他的穆聖傳中寫道：「由於第二次阿爾・阿各巴誓約中提及聖戰，所以聖戰應該是從這個時間點起開始被允許。」但學者們認為本・希珊這個論點是錯誤的。

學者們最側重的意見是認為聖戰是在遷徙之後才被允許的。他們是以阿爾・阿巴斯・本・烏巴達的傳述來證明，阿爾・阿巴斯・本・烏巴達說：「我在聚會後走到穆聖 ﷺ 面前對他說……如果你希望，那麼我們明天就用我們的劍與米那的人戰鬥！穆聖 ﷺ 當時非常鄭重地回答我說：『我們未被如此命令。』」

從這裡我們必須記住兩件非常重要的事，一是沒有真主 ﷻ 的命令之前穆聖 ﷺ 絕不會有所行動。遵從真主 ﷻ 的命令而不是順從自己的欲望與愛好，這是對我們的一個教訓。

真主 ﷻ 在《古蘭經》22 章：39-40 節允許了為自我防衛而戰爭，這也是真主 ﷻ 為允許聖戰而降下的第一個經文。

「被進攻者，已獲得反抗的許可，因為他們是受壓迫的。真主對於援助他們，確是全能的。他們被逐出故鄉，只因他們常說：『我們的主是真主。』要不是真主以世人互相抵抗，那麼許多修道院、禮拜堂、猶太會堂、清真寺 —— 其中常有人記念真主之名的建築物 —— 必定被人破壞了。凡扶助真主的大道者，真主必定扶助他；真主確是至強的，確是萬能的。」（*）

學者們一致認為這是《古蘭經》中第一個提到聖戰獲得允許的經文，它允許以防衛為目的的戰爭。伊瑪目阿特．鐵爾密濟與伊瑪目安．那沙義和在他們的聖訓集裡共同傳述阿布都拉．本．阿巴斯說：「當穆聖 ﷺ 從麥加被驅逐後，大賢阿布．巴克爾說：『他們驅逐了他們的聖人！我們來自真主 ﷻ 也將回歸真主 ﷻ（Inna lillāhi wa inna ilayhi rāği‘ūn）。他們將要虧損。』」這句話通常用在遇到災難或有重大損失時，而對當時的麥加人而言意即大難臨頭。阿布都拉 ・ 本 ・ 阿巴斯說：「那之後《古蘭經》22 章：39 節被啟示了，大賢阿布 ・ 巴克爾說：『當我聽到這節經文時，我那時才了解到開戰時刻即將到來。』」

22.1 為什麼在麥加聖戰未被允許？

穆聖 ﷺ 在麥加生活的十三年宣教時間裡，從不被允許以武力防衛，儘管聖門弟子們也曾請示過穆聖ﷺ，但是沒有真主ﷻ的准許，他拒絕作戰。在這段時間裡許多聖門弟子飽受殘害，甚至犧牲生命，穆聖ﷺ眼見聖門弟子們的遭遇憂心不已，他自身雖受族人的保護，但也無法全然倖免。三年的禁令使他們的生活更加艱辛，真主ﷻ依然不允許他們抗戰。試想穆聖ﷺ貴為聖人，他若是想用聖人的奇蹟反過來強制壓迫麥加人信教，使伊斯蘭統治麥加，難道真主ﷻ不會使他成功嗎？這對真主ﷻ會是一件難事嗎？當然不是！然而，這不是伊斯蘭的真諦，真主ﷻ不強迫人接受伊斯蘭，他希望他的僕人們是憑自己的意願自由地選擇侍奉真主ﷻ。所有的被創造物中唯有人與精靈被賜予自由意志，真主ﷻ不強迫人選擇正道，那麼又有誰有權力強迫人接受信仰呢？

那又為什麼當時在麥加穆斯林已經受到那麼多的迫害而聖戰未被允許呢？為何《古蘭經》22 章：39-40 節會在麥地那才被啟示了呢？這背後確有許多智慧！

22.2 為什麼在麥地那聖戰才被允許了呢？

學者阿爾．布提說：「伊斯蘭講求適當與邏輯，宣教的一開始就應該先教導人們認識伊斯蘭，為人們解說什麼是伊斯蘭。對當時的麥加人而言，他們所崇拜的偶像光是在天房四周擺放的就有三百多尊，而崇拜真主ﷻ獨一的概念對他們來說是陌生的。

所以宣教的重點是如何為他們解釋伊斯蘭？如何給他們一個對伊斯蘭清楚明白的概念？真主 ﷻ 在《古蘭經》中提到：「用智慧與美好的傳道方式為真主宣揚。」以前的迷信、誤導、阻礙人們理解伊斯蘭信仰的問題都應該清除，而這些步驟都應該在談到聖戰之前就先進行的，必須讓每個人都能看到伊斯蘭美好之處，清楚闡明伊斯蘭信仰，如何能將那些使人們無法認識、了解伊斯蘭的困難排除，這些就是所有穆民的任務。讓每一位真主 ﷻ 的僕人經由「我」找到真主 ﷻ 的光亮，讓每一位真主 ﷻ 的僕人經由「我」想起真主 ﷻ，這應該是所有穆民對自己的期許。

「聖戰」之所以在麥地那才被允許其實是真主 ﷻ 對他的僕人的慈憫。因為在這之前穆斯林尚未有屬於自己的領域、自己的國家，在還沒有建立起一個強盛的伊斯蘭共同體以及政治領導之前，真主 ﷻ 不將聖戰定為穆斯林的義務。直到麥地那成為伊斯蘭的第一個根據地。麥地那人自發地到麥加與穆聖 ﷺ 締結誓約，他們的內心不受一絲強迫地接受了伊斯蘭，他們滿心期待迎接穆聖 ﷺ 的到來，期望經由他能終止那長久以來部落之間的流血事件，之前的仇恨意識高漲到使他們幾乎想要消滅了對方，而今經由伊斯蘭他們都成了信仰上的手足。

22.3 何謂聖戰？

聖戰的意思為主道而奮鬥，用真主 ﷻ 的話語治理管轄統治，努力地建造一個穆斯林的社會。戰爭只是達到這個努力奮鬥目標中過程的一部分，聖戰並不侷限在戰爭上。聖戰的範圍非常廣泛，它包括了與自己的私慾對抗、教育並輔導自己的孩子學習伊斯蘭、勉勵親戚朋友鄰居學習伊斯蘭、學習宣教、遵守伊斯蘭的規則，遵守真主 ﷻ 與穆聖 ﷺ 的命令等等都是聖戰。甚至在麥加的十三年以堅持忍耐的方式度過也是一種聖戰。

我們為什麼需要聖戰？它的目標是用來建造一個良好的穆斯林社會，因為穆斯林需要與其他的穆斯林共同努力來強化自己，合作營造一個美好的生活，因此他們需要進一步組織成一個伊斯蘭為主的主體，由它負責管理穆斯林的所有相關事務。

短短一年的時間裡，麥地那人前來麥加與穆聖 ﷺ 締約的人數從起初的十二位到隔年的七十多位代表。在麥地那辛苦地宣教，使麥地那成為伊斯蘭的沃土和穆民的家，這是一種聖戰；同樣的穆聖 ﷺ 與遷士們在麥加忍辱負重地度過了十三年艱苦的歲月，這也是一種聖戰。當麥加的聖門弟子們順利地遷徙到達麥地那後，遷士與輔士們便結合成一個強大的大家庭，一個以伊斯蘭為主體的社會，由穆聖 ﷺ 這位偉大至睿的領導者帶領著大家。

這之後真主 ﷻ 降下《古蘭經》22 章：39-40 節的經文來啟示穆斯林，從那時起以和平宣教的原則不變，但是他們被允許以聖戰保衛自己。對每位穆民而言，挑戰征服自我的私慾是永遠的功課，先從自我做起是為首要的聖戰。這和現今我們聽到一些人打著所謂聖戰的旗幟，而所做的行為卻是犯罪暴行是不同的，這些人之所以會犯下這樣的暴行就是因為他們沒有對自我做聖戰。一個穆斯林如果經常好好的要求自我就不可能犯下如此血腥無限度的暴行。我們以穆聖 ﷺ 為例，從他在戰爭中如何仁慈地對待敵人與戰俘的態度來看，就可見其截然不同之處。他發自內心的這種仁慈是與他的人性本質緊密不分的，就算這些敵人是驅逐他離開生長家鄉的人、是想方設法要置他於死地的人，但在他們命喪戰場之後，穆聖 ﷺ 為了不讓這些人的屍首暴露在荒地上遭受野獸的吞噬，他依然命令他的士兵們掩埋敵人的遺體。而這些事還是發生在敵方殘忍地毀滅烈士們的屍體之後。

在建設社會國家的過程中是允許使用武力保護並且防衛任何一個企圖危害社會的人，這種危害包括武力的進攻或者是計劃性的破壞。真主 ﷻ 允許穆斯林保護捍衛自己的社會、自己的家園，但不代表要與其他非穆斯林的人為敵。自穆聖 ﷺ 時期直至今日，穆斯林與天主教徒、基督徒、猶太教徒或者有其他信仰的人們共同和平地生活在穆斯林所統治的國家裡，在聖訓中穆聖 ﷺ 特別強調：「誰傷害了基督徒、猶太教徒就等於傷害了我。」這個傷害，無論是行動上的或是言語上的，都是被禁止的，從這句話裡可以看見穆聖 ﷺ 將這些非穆斯林們列在他的保護之下。這段聖訓的內容直到今日甚至在所有的時期它都是有效的。如果基督徒、猶太教徒生活在穆斯林所統治的國家，他們有義務在這個國家納稅，這樣的稅稱為「人頭稅」（Ğizyah），在繳交稅之後便有權利享有福利並且受到保護，穆斯林有義務為他們防衛。

他們之中若有生活清寒的人甚至還可以獲得天課的補助，這就是天課的形式，它以富濟貧。在一個傳述中提到，當歐瑪爾・本・阿爾・哈塔伯當上了穆斯林的領袖之後，夜裡他沉浸在拜功之中，而白天他則四處巡查。一天他在路上看到一位猶太老人，樣子看起來甚是貧窮，查問之下證實了他的猜測，他將這位老人請到家中並從自己的積蓄中給了他一些錢，並且交代自己的下屬說：「這位老人不需要繳稅了，他可獲得補助。他年輕時繳了稅，現在是他從國家那裡獲得補助的時候了。」從這段歷史中我們看到了穆斯林、基督徒、猶太教徒曾經共處的良好社會形態。

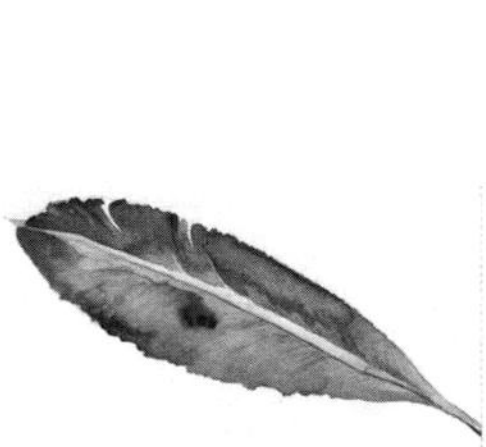

23.

聖門弟子們準備遷徙至麥地那

23.1 遷徙麥地那之前

在穆聖ﷺ與麥地那人訂下阿爾．阿各巴誓約之後，麥地那的穆斯林如火如荼地展開準備迎接穆聖ﷺ與聖門弟子們的工作。現在就只待穆聖ﷺ的許可了。當時，在麥加的非信徒們憂心忡忡，穆罕默德ﷺ推展伊斯蘭教的快速使他們倍感壓力，有了阿爾．阿各巴誓約更使得他們感受到這個危險越來越逼近了，以前他們只是猜想，但如今即將成為事實。他們認為穆罕默德ﷺ可能會改變他們以往所控制的局面，無論是統治權、特權以及貴族的優勢。

而在麥地那穆罕默德ﷺ將逐漸擁有一席之地，擁有願意服從命令的士兵、有衷心願意為他效勞的守護者，那些人會盡全力支持他並願為他犧牲所有，即使是生命也在所不惜。他會贏得麥地那人民的擁戴。

23.1.1 穆聖 ﷺ 的夢意喻了遷徙的地點

麥加對穆斯林來說不再是個可以安身立命的地方，阿爾·阿各巴誓約之後，麥加更不是個適合推展教門或傳播伊斯蘭的地方。古萊氏非信徒對穆斯林的欺壓更甚，而穆斯林的宣教則更難了。到一個新的地方去宣揚並實踐伊斯蘭的時刻已經來臨，這時麥地那人的寬廣胸襟比任何時刻都更被需要。為能讓穆聖 ﷺ 和他們在一起，麥地那的穆斯林們自願付出所有的代價，他們宣稱願意支持穆聖 ﷺ 以及來自麥加的遷士們並且招待他們。讓麥地那成為穆斯林們共同的家和宣揚伊斯蘭的地方。

麥加的局勢越發艱難時，聖門弟子們來向穆聖 ﷺ 訴苦，無論在精神上、身體上或經濟上他們都承受了各式各樣的壓迫與煎熬，穆聖 ﷺ 勉勵聖門弟子們要忍耐要堅守信仰，並且明確地告訴他們信仰的道路本來就是充滿了荊棘與考驗。他保證真主 ﷻ 一定會給他們一條出路使他們脫離困境，賜予他們解決的辦法並且支持他們，他們應當信賴真主 ﷻ。不久之後穆聖 ﷺ 做了一個夢，他夢見自己遷徙到了一個有許多椰棗樹的地方。他當時猜想那裡是否是亞麻麻（Yamāmah）[30]，或者是哈潔爾（Hāğar）[31]，因為這兩個城市的特徵都是有許多的椰棗樹。

但日後穆聖 ﷺ 才理解到原來夢裡所指的是亞斯利伯。布哈

---

30 亞麻麻是那吉得（Nağd）這個區域的中心城市。

31 哈潔爾（Hāğar）是巴林王國的一個城市。

里聖訓集中傳述穆聖ﷺ對聖門弟子們說的話，他說：「我知道你們遷徙後住的房子了，我知道你們將要遷徙去的地方，那裡的特徵是地表中有兩塊由許多黑石頭所組成的板塊，它帶來炎熱，那裡有許多的椰棗樹，那就是亞斯利伯。」麥地那是屬火山地形，地處兩塊黑石板塊之間的綠洲，這兩塊黑石板塊緊挨著麥地那，這種黑色的石塊不僅本身炎熱，更是會聚集太陽光的熱度，使溫度更加升高並且不斷發散著熱氣，也因此形成了麥地那特殊炎熱的氣候。真主ﷻ使穆聖ﷺ看到的城市特徵，不僅是椰棗樹，而是黑石板塊，這使他確定這個地方既不是亞麻麻也不是哈潔爾，而是亞斯利伯。

在「蒙昧的年代」（Jahaliya），麥地那原被稱為亞斯利伯（Yaṯrib），直到後來穆聖ﷺ為它改變了名字，稱它為「麥地那」。

穆聖ﷺ所做的這個夢是屬於啟示的一種，是真實的夢，它意味著真主ﷻ已經允許他們遷徙，大家終於可以開始著手準備了。穆聖ﷺ高興地走向聖門弟子們說：「真主ﷻ顯現了你們將要遷徙去的地方和住的房子給我看，那裡是亞斯利伯，你們之中若是有人想要離開麥加，就到那裡去吧！」他說：「崇高的真主ﷻ讓你們成為兄弟，給你們能安居的房子。」麥加的局勢越來越艱難，聖門弟子們早就迫不及待地想離開，但是沒有穆聖ﷺ的允許他們是不會輕易離開的。如今有了穆聖ﷺ清楚的表示，聖門弟子們高興地開始緊鑼密鼓地籌劃，或組隊、或單獨動身前往麥地那。為了不讓古萊氏的非信徒知道他們的目的地，也為了避開危險，大部分的人決定組隊秘密的離開。遷士之中的大多數人是弱勢的窮人，沒有哪些部落的人願意保護他們成為他們背後的支柱。至於那些誤以為麥加的局勢已有好轉，而從阿貝細尼亞回到麥加來的聖門弟子們，他們也加入了此次遷徙的陣容。除此之外，也有聖門弟子是在獲得穆聖 ﷺ 的允許之後選擇公開地遷徙，例如大賢歐瑪爾。

23.1.2 聖門弟子們被允許遷徙至麥地那的時間

至於什麼時候聖門弟子們開始被允許遷徙至麥地那，說法各有不同，有一些撰寫穆聖傳的作家認為穆聖 ﷺ 在第一次與麥地那人簽訂阿爾·阿各巴誓約之後，便允許聖門弟子遷徙至麥地那。本·伊司哈葛也支持這個說法，他也認為聖門弟子是在第一次阿爾·阿各巴誓約之後遷徙至麥地那去的。

也有人認為遷徙至麥地那是在第二次阿爾·阿各巴誓約訂立後才被允許的。例如學者阿布·夏赫巴便是支持後面這種說法。

23.2 阿布·沙拉瑪——第一位出發到麥地那的遷士

聖門弟子中第一位從麥加出發到麥地那的是阿布·沙拉瑪·阿爾·馬賀祖米（Abū Salamah al-Maẖzūmī，此段簡稱阿布·沙拉瑪），他當時準備和他的妻子烏姆・沙拉瑪（Umm Salamah）與兒子一同前往麥地那。阿布・沙拉瑪是穆聖ﷺ姑姑的兒子，他和穆聖ﷺ在嬰兒時期都曾讓一位名為舒為薄（阿布・拉賀伯的女奴）的乳母餵奶。阿布・沙拉瑪之前也曾和他的家人遷徙至阿貝細尼亞，本以為麥加情勢已有好轉終於能夠在自己的家鄉實踐自己的信仰了，但是當他們回到麥加時發現一切並不如他們想像的一般，穆斯林在麥加的生活是更加地艱苦了。所以當他聽到亞斯利伯已有些人入教，並且逐漸熟悉伊斯蘭教，在獲得穆聖ﷺ的允許之後，他決定率先帶著他的妻子和兒子前往，他讓孩子和妻子騎上駱駝，自己則徒步而行。他們遷徙的消息迅速地傳至烏姆・沙拉瑪的娘家人耳中，他們連忙趕來阻止並且對阿布・沙拉瑪說：「對我們來說你贏了，所以無論你要遷徙或是想逃避我們，都隨你，但是我們不准我們的女兒跟你一起走，她必須留在這裡。」烏姆・沙拉瑪的娘家人本想藉著他的妻子和兒子來威脅以阻止他們遷徙。但沒料到阿布・沙拉瑪遷徙的心意是這麼堅定，如此一來阿布・沙拉瑪只好忍痛留下妻兒，自己一個人繼續他的旅行。而此時阿布・沙拉瑪的家人也聽到烏姆・沙拉瑪的家人帶走了他們的女兒和孩子的消息，他們急忙地趕來要求要帶回他們的孫子。

對阿拉伯人來說，沒有什麼比尊嚴來得更重要。他們對烏姆・沙拉瑪的家人說：「既然你們要把我們的兒子和你們的女兒分開，那麼這孩子當然是我們的，我們要把孩子留在我們身邊。」雙方都想把孩子帶走，因此僵持不下。就在爭奪孩子過度用力拉扯之際，孩子的手臂被拉扯到脫臼，烏姆．沙拉瑪的家人看到孩子的身體受到了如此的傷害於心不忍這才停手，於是阿布．沙拉瑪的家人帶走了孩子。這兩家人用極其殘忍的方式分散了阿布．沙拉瑪這一家人；阿布．沙拉瑪被迫隻身繼續前往麥地那，烏姆．沙拉瑪在娘家被軟禁起來，而孩子則是在阿布．沙拉瑪的家人那兒。阿布．沙拉瑪的父親和烏姆．沙拉瑪的父親兩人原是親兄弟，也因為這層親戚關係讓烏姆．沙拉瑪的處境更加地困難。對阿布．沙拉瑪也是如此，留下他的妻兒、自己單獨離開並非容易的決定，但是他遷徙的意念非常堅定。他的離開是為了信仰，為了真主 ﷻ。這是他生命中一項重大的決定。

在經過將近一年的時間裡，一家三口分處三地，烏姆．沙拉瑪被家人關禁閉，又見不到自己的孩子和丈夫，心情無比沉痛，每天都傷心地在自家的院子裡哭泣。直到有一天烏姆．沙拉瑪的一位堂兄弟走過，看到她的處境感到非常痛心，憐憫之心油然而起，他自告奮勇地去找烏姆．沙拉瑪的家人，並請求他們讓可憐的烏姆．沙拉瑪遷徙至麥地那。他質問烏姆．沙拉瑪的家人說：「你們將她和先生和孩子都分開了，你們到底還要關她多久？」聽了他的話之後，烏姆．沙拉瑪的家人終於心軟同意讓她與她的先生相聚，當阿布．沙拉瑪的家人聽到烏姆．沙拉瑪的家人願意讓女兒遷徙時，他們也主動將孩子送還給她。這才使烏姆．沙拉瑪和她的兒子得以重聚。

烏姆・沙拉瑪自己敘述當時遷徙的情況，她說：「我帶著一頭駱駝準備出發到麥地那去，我懷裡抱著我的孩子開始了我們的旅行，身邊沒有其他人的陪伴。我不知道該如何去亞斯利伯，我試著沿路問遇到的路人我如何能走到艾因（‘Ayn）這個地方去？」

（學者解釋說：「艾因是麥加邊界的一個地方，它距離麥加市中心約有七公里的路程，是到麥地那必經的地點，以當時騎著駱駝旅行的速度來看，這趟前往麥地那的旅行起碼有著幾天幾夜的行程，在當時對一個女人來說單獨旅行是非常危險的，更何況她身邊還帶著一個小孩，這實在是非常大的挑戰。對烏姆・沙拉瑪來說，她需要很大的勇氣與意志力，還需要對真主 ﷻ 有著非常堅定的信念。我們在這裡看到，早期的伊斯蘭歷史中就有如此主動又具有犧牲精神、堅強的聖門女弟子，她一個女子為了真主 ﷻ 單獨挑起遷徙的重責大任。就因為她對真主 ﷻ 有如此強大的信任，真主 ﷻ 使她容易。」）

烏姆・沙拉瑪繼續敘述道，當他們一路走到艾因時，就在那裡她遇見了歐斯曼・本・塔爾哈・本・阿比・塔爾哈（‘Uṯmān Ibn Ṭalḥah Ibn Abī Ṭalḥah），他是阿布得・阿答爾（‘Abd ad-Dār）部落的人。烏姆・沙拉瑪說：「歐斯曼問我：『馬賀祖（Maḫzūm）部落的女兒啊！妳要去哪兒呢？』我回答他說，我要到麥地那去找我先生。他問我：『沒人陪妳嗎？』我回答道，沒有，我以真主 ﷻ 之名起誓，除了真主 ﷻ 和我的兒子以外沒人陪我同行。他聽完後自告奮勇地說：『我以真主ﷻ之名起誓，我不能讓妳隻身前往。』」說完，歐斯曼便牽起烏姆．沙拉瑪駱駝的韁繩拉著駱駝開始趕路。」烏姆．沙拉瑪說：「我以真主ﷻ之名起誓，我從未讓任何阿拉伯人陪伴我旅行過，對我來說，沒有人比歐斯曼這個人更加高貴與慷慨的了。」

烏姆．沙拉瑪繼續敘述著說：「當我們到達驛站時，歐斯曼讓駱駝蹲下來然後便轉過身去，並退到一旁，好讓我不受干擾地慢慢下來。當我下來之後，他才牽著駱駝並從牠背上卸下我們的東西並且將駱駝的韁繩綁在樹上，他自己則在不遠地方的樹下躺下來休息。休息過後他將所有的東西重新放到駱駝的背上，安頓之後他轉過臉示意讓我們騎上駱駝，等我們坐穩後他才拉著韁繩繼續趕路。這一路上直到麥地那為止，歐斯曼一直都是如此。」

「當我們到達麥地那的烏巴（Uba）這個地方時，他對我說：『妳的先生就在這附近，帶著真主ﷻ的吉慶進去吧！』說完，他便轉身回麥加去了。我以真主ﷻ之名起誓，在伊斯蘭中我從未經歷過像阿布．沙拉瑪家人那樣的人，在旅行中我從未經歷過像歐斯曼那樣慷慨的嚮導。」

歐斯曼在烏姆．沙拉瑪遷徙時還沒有入教，直到收復麥加之後他才接受了伊斯蘭。學者阿布．讓賀拉（Abū Zahrah）說：「雖然歐斯曼當時還沒有入教，但是基於他高貴的性格與良知，不允許他讓一個良家婦女隻身一人旅行，儘管她的信仰與他不同，更何況她的遷徙是一種革命性的行為，是針對歐斯曼的信仰來的，但是由於他的高尚情操他還是選擇幫助了她。」學者阿爾．布提不禁問道：如今在這個所謂文明的世界哪裡還可以看到像這樣的高尚情操？

23.3 誰是第一位到達麥地那的女遷士？

大多數的學者們認為阿莫爾．本．拉必阿（‘Amr Ibn Rabī‘ah）的妻子雷依拉．本特．阿比．哈司馬（Layla Bint Abī Ḥaṯmah）是伊斯蘭歷史上第一位騎著駱駝到達麥地那的聖門女弟子。當然也有其他的學者們持有異見，他們認為烏姆．沙拉瑪（Umm Salamah）是第一位出發到麥地那去的聖門女弟子，當初她和她的先生正騎著駱駝往麥地那去時，要不是受到了家人的阻擾而無法成行，那麼她一定會比雷依拉．本特．阿比．哈司馬提早到達麥地那，因為烏姆．沙拉瑪的先生阿布．沙拉瑪是比阿莫爾．本．拉必阿更早到達麥地那。

阿莫爾．本．拉必阿這一家人是聖門弟子中第二個從麥加遷徙至麥地那的，在他們之後聖門弟子們或隻身、或成群地離開了麥加。這些人當中也包括了穆薩伯．本．烏麥爾。在穆聖ﷺ對聖門弟子宣稱他們已被允許可以遷徙至麥地那，而那裡將是穆斯林未來的家鄉時，許多的聖門弟子們便開始遷徙，其中包括了：

- 穆薩伯．本．烏麥爾
- 阿布都拉．本．烏姆．馬克圖姆

- 比拉爾・本・拉巴賀・阿爾・哈巴西
- 沙阿德・本・阿比・瓦嘎司等等

23.4 甲賀須部落的家族遷徙

下一個遷徙至麥地那的家族為甲賀須（Ğaḥš）部落的人，他們整個家庭的成員都一起遷徙，其中包括他們的一位盲人兄弟，還有宰娜卜・本特・甲賀須（Zaynab Bint Ğaḥš）和她的姐妹們也都在這次的遷徙行列之中，留下的只是空蕩蕩的房子。他們走後一群古萊氏的非信徒們經過甲賀須家族的房子，阿布・折害也在其中，他們看到這個原本生氣蓬勃非常熱鬧的房子，如今卻空無一人。他們其中的一人說：「這房子是被遺棄了！」穆聖ﷺ的伯父阿爾・阿巴斯當時也在場。阿布・折害看著阿爾・阿巴斯憤恨地說：「這都是你那侄子幹的好事，你兄弟的兒子讓我們的族人們分散流離，破壞了我們之間的關係！」之後阿布・舒非安・本・哈爾布對大家宣佈，這甲賀須家族的房子從現在起成為他的私人財產並且將它出售。

當甲賀須家族的人聽到這個消息時，他們告訴穆聖ﷺ：「阿布・舒非安跟大家宣佈我們的房子從現在起為他的財產並且將它賣了！」穆聖ﷺ回答阿布都拉・本・甲賀須（‘Abdullāh Ibn Ğaḥš）說：「噢！阿布都拉，真主ﷻ將在天堂裡給你更好的房子以取代你在麥加的房子，難道你不滿意嗎？」阿布都拉回答道：「是啊！我是滿意的。」穆聖 ﷺ 說：「那就對了！真主 ﷻ 在天堂裡已經給你們準備了更好的房子，替代了你們曾經擁有的。」

幾年後當穆聖 ﷺ 帶著穆斯林收復了麥加時，甲賀須家族的人跑來找穆聖 ﷺ 希望能要回他們家的房子，穆聖 ﷺ 當時沉默不語。一位聖門弟子開口說：「穆聖 ﷺ 對你們的這種行為感到憎恨！你們承諾願意為真主 ﷻ 而犧牲，如今卻又來要回去！」

學者解釋說：「重要的是我們必須清楚知道自己在行事上的舉意，為何做這件事？為何捐贈？為何犧牲？如果我們為真主 ﷻ 而付出就不應當在情況獲得紓解時再要求取回。」

23.5 歐瑪爾的遷徙

聖門弟子們陸續地離開麥加，在穆聖 ﷺ 遷徙前，歐瑪爾．本．阿爾．哈塔伯也準備遷徙了。當時他與阿依亞須．本．阿比．拉比亞（‘Ayyāš Ibn Abī Rabī‘ah，此段簡稱阿依亞須）、希珊．本．阿爾阿司（Hišām Ibn al-‘Āṣ）約定一起離開，並在一個特定的時間在離麥加城約十公里外的地方相見，若是誰受到阻撓沒有出現，其他人則不須等待按照原定計劃出發。當歐瑪爾和阿依亞須依約到來時希珊並沒有出現，因為當時希珊已經被抓，而且被用刑逼迫直到他出教為止。本．阿撒基爾（Ibn ‘Asākir）傳述阿里．本．阿比．塔力伯的話說：「就我所知歐瑪爾以外沒有其他的聖門弟子是先對古萊氏非信徒公開遷徙後才離開的。」阿里報告了歐瑪爾遷徙的經過：「當歐瑪爾決定要遷徙時，他帶著他的劍與弓，手上握著準備好的幾支箭走向天房，當時天房旁盡是非信徒們的帳篷。歐瑪爾繞行了天房七次之後，又走到聖人易卜拉欣的立足處禮了兩拜，然後用挑釁的口氣對聚集的古萊氏非信徒們說：『你們之中若是有誰想讓他的母親因為失去兒子而悲傷，或是想讓自己的孩子成為孤兒、妻子成為寡婦，那麼就來跟蹤我吧！』歐瑪爾此話一出，沒有一個古萊氏非信徒膽敢跟蹤他。」歐瑪爾在古萊氏中向來就是以他的膽識出名，除了真主ﷻ以外他不畏懼任何人。

在歐瑪爾的支持與保護下大約有二十個人與他一起遷徙到麥地那去，這一行人大部分是些弱勢的聖門弟子們，其中有歐瑪爾的哥哥宰德・本・阿爾・哈塔伯（Zayd Ibn al-Ḫaṭṭāb），宰德在歐瑪爾之前入教，他曾參加白德爾戰役，並且在其他的戰役中以烈士的身分壯烈犧牲。

23.6 阿依亞須被阿布・折害騙回麥加

當歐瑪爾和這一群人抵達亞斯利伯時，阿布・折害和他的兄弟阿爾・哈力司隨後也趕到了麥地那，他們是想帶回阿依亞須。阿布・折害與阿依亞須是親戚，他們想藉著這層親戚關係用詭計將阿依亞須騙回麥加。他們告訴阿依亞須說：「你的母親對真主

ﷻ 發誓她再也不梳理她的頭髮直到她見到你，她會讓自己暴露在大太陽底下直到她見到你。」他們知道阿依亞須是個孝順的孩子，於是他們用阿依亞須的母親作為幌子，用來動搖阿依亞須，用來激起他的憐憫之心，他們說的每一句話都深深刺痛了阿依亞須的心。果不其然阿依亞須決定回到母親的身邊。

歐瑪爾是個聰明人，他心想這一定是阿布·折害的詭計，目的是為了擒拿他並逼迫他退出伊斯蘭。歐瑪爾警告阿依亞須說：「他們是想逼迫你出教，你最好小心不要回去；至於你的母親你不用擔心，她若是因見不到你而不梳頭，等到她感覺到自己的頭髮受損時她一定會梳頭；若是她在太陽底下曝曬久了，被曬痛了，她就會遮蓋自己保護自己。」但不管歐瑪爾怎麼說，阿依亞須還是下定決心回麥加。阿依亞須說：「我一向善待我的母親，我不忍心看她痛苦，我還是回到她的身邊吧！」歐瑪爾為他的決定感到擔心。阿依亞須繼續說：「更何況我在麥加還有許多錢財呢！我回去取些。」歐瑪爾馬上接口說：「你知道我比你富有，我是古萊氏最有錢的富豪之一，我願意給你我一半的財產，你不要回去了！」即使歐瑪爾開出了如此豐厚的條件還是無法動搖阿依亞須離開的決心。歐瑪爾對他說：「好吧！既然你不聽我勸決定要走，那就騎我的駱駝走吧！牠是隻勤快的駱駝，跑得又快，一路上不管有什麼事你一定不要下來，如果情況對你不利你還可以逃離。」

之後阿布·折害和他的兄弟阿爾·哈力司便陪同阿依亞須離

開了麥地那，當他們離開麥地那有一段路時，阿布．折害為接近阿依亞須藉故說：「我的侄子啊！我的駱駝背對我來說太硬了，你可否讓我和你共騎你的駱駝呢？」阿依亞須回答道：「好啊！」當阿依亞須讓他的駱駝蹲下來好讓阿布．折害上來時，阿依亞須一下來阿布．折害和阿爾．哈力司兩人就一起朝他撲上來，並且將他捆綁起來帶回了麥加。回到麥加的那天，他們四處宣傳阿依亞須被綁回麥加的消息，並且告訴古萊氏的人：「我們就是這樣子對待我們出走的親戚，你們應當以我們為榜樣，同樣地對待你們出走的親戚，也把他們給帶回來。」

23.7 歐瑪爾書信勸希珊重回伊斯蘭

希珊和阿依亞須這兩位都是歐瑪爾的摯友，他深愛著他們。希珊遷徙受阻、被關押，且在信仰上受到很大考驗而出教一事，使歐瑪爾內心受到很大的衝擊，非常傷心。期間真主 ﷻ 降下了《古蘭經》的一段經文，大意是要求信士們若是犯罪或是犯錯，就要誠心悔改。於是歐瑪爾有感而發地著手給希珊寫信，他在信中寫道：「以前我們曾說如果有人出教後又重返伊斯蘭，真主 ﷻ 不會接受他的懺悔，他也不能重回伊斯蘭了。但我們畢竟是人，難免會犯錯，雖然歸信了真主 ﷻ，但是卻在面臨真主 ﷻ 給予的考驗時或在經歷了一個沉重的打擊後意志不堅而淪為非信徒。這些受過打擊而迷途的人會對自己說：『真主 ﷻ 是不會接受我的懺悔的，悔過的門已經為我封閉。』之類的話。但當穆聖ﷺ到達麥地那時，真主ﷻ就針對我們曾說過和相信的話頒降了下面這段經文。」

《古蘭經》39 章：53-55 節：

「（你說：）我的過分自害的眾僕呀！你們對真主的恩惠不要絕望，真主必定赦宥一切罪過，他確是至赦的，確是至慈的。

「在刑罰來臨你們，而你們不獲援助以前，你們當皈依你們的主。

「在刑罰不知不覺地忽然降臨你們以前，你們應當遵從你們的主降示你們的最美的訓辭。」（*）

（學者解釋說：真主ﷻ意在這段經文中呼籲犯罪的信士們不要失去希望，悔過的大門會為他們而開，只要真心懺悔他們仍然可以重回伊斯蘭。這段經文不僅是對當時的聖門弟子們，而是對所有的穆民頒降。）

歐瑪爾親手為希珊寫下這段經文，寄出了這封信。希珊說：「當我收到歐瑪爾的來信，我讀了又讀，我在房裡來回地踱步反覆地看著信，但是我沒讀懂歐瑪爾想告訴我的含意，我在心裡琢磨著這段經文意味著什麼呢？我在心裡祈禱著說：『真主ﷻ啊！你讓我了解他和你的意思，讓我看懂這封信吧！』於是真主ﷻ敞開了我的心，頓時我了解了這段經文原來是為了我們降下的。是我們自己以為所犯的過錯已無悔過的機會、無路可走的呀！於是我騎上我的駱駝奔向穆聖ﷺ，直到我到達麥地那。」

而在另外一段由本・伊司哈葛傳述了本・希珊[32]的傳述說：「一個我所信任的人跟我報告，穆聖ﷺ遷徙至麥地那後問聖門弟子們：『誰能為我帶來阿依亞須和希珊？』阿爾・瓦力得・本・阿爾・瓦力得・本・姆宜拉（al-Walīd Ibn al-Walīd Ibn Muġīrah，此段簡稱本・阿爾・瓦力得）說：『真主ﷺ的使者啊！我去！』於是他秘密地進入了麥加。路上他遇見了一位婦人，身旁帶著食物，他問她：『妳去哪兒？真主ﷺ的女僕人啊！』她回答道：『我要去關那兩個犯人的地方。』於是本・阿爾・瓦力得尾隨在她的身後，直到他發現了他們被囚禁的地方。阿依亞須和希珊被關押在一個沒有屋頂的房子內，為的就是讓他們受到豔陽的曝曬。夜裡本・阿爾・瓦力得翻牆進入了屋裡，並且用一塊石頭將捆綁他們的鐵鍊打斷，釋放了他們，於是他們便一同回到麥地那穆聖ﷺ那裡。」這兩段傳述分別不同的記述了關於希珊・本・阿爾阿司如何重回麥地那的過程。

23.8 蘇海布的遷徙

蘇海布・阿爾・盧米（Ṣuhayb ar-Rūmī，此段簡稱蘇海布）是最後一批遷士之中的一位，原本是希望能和穆聖ﷺ一起離開

32 為防止混淆提醒這裡的傳述是由本・希珊所傳述，而非希珊・本・阿爾阿司（Hišām Ibn al-‘Āṣ）。

但卻受到了非信徒們的阻攔，終究沒能成功。

本·希珊傳述道：「當古萊氏的非信徒們耳聞蘇海布遷徙的意圖時，他們要脅他說：『當初你到我們這兒來的時候，不過是個弱勢的窮人。現在在我們這兒賺取了錢財，達到了你想要的地位後，就想要帶著你的財產一走了之了嗎？我們以真主 ﷻ 之名起誓！我們不會讓你輕易的離開，我們一定會阻撓你的！』蘇海布和他們談判說：『如果我把我的財產留給你們，那你們會放我走嗎？』古萊氏的非信徒們回答說：『會。』蘇海布說：『那我把我所有的財產都給你們，我要遷徙。』」有關這段談判的過程在蘇海布尚未到達麥地那之前穆聖 ﷺ 就已被啟示，所以當蘇海布到達麥地那還沒向穆聖 ﷺ 述說經過時，本·希珊傳述穆聖 ﷺ 先對蘇海布說：「你的買賣是勝利的。」這意喻蘇海布為信仰所放棄的財產不是失去而是勝利。

伊瑪目阿爾·貝伊哈基和其他的聖訓學者對蘇海布遷徙的歷史也做出傳述，其中蘇海布自述道：「穆聖 ﷺ 離開麥加時有阿布·巴克爾陪同，我當時也想與他們同行，但古萊氏的一些年輕人們阻攔了我，使我十分緊張擔憂，我擔心的只能夜裡在屋裡走來走去，他們監視著我使我無法出門。他們認為我是因為肚子疼而無法離開，我聽見古萊氏的人嘲諷地說：『真主 ﷻ 讓他遷徙，他卻忙著生病。』我辯駁說事實並非如此，我沒有生病我只是緊張罷了。」蘇海布知道穆聖 ﷺ 離開後，就再也沒有什麼聖門弟子還留在麥加了。

門外看守的人睡著了，他們以為蘇海布反正是病了便鬆懈了對他的看守。蘇海布說：「我趁著他們熟睡時偷偷地逃了出去，沒走多遠還是被他們的伙伴抓了回來。我問他們，如果我給你們黃金你們會放我走嗎？他們回答說：『會。』之後我陪同他們到麥加城，告訴他們一處我藏放黃金的地方，另外我再告訴他們去找一位為我保管著黃金的女人，他們可以取走它，之後我便趕忙離開麥加到麥地那去了。當我趕往麥地那時，穆聖ﷺ當時已在辜巴，他在那裡停留了三天的時間。當穆聖ﷺ見到我時他說：『噢！阿布・亞賀亞（Abū Yaḥyā，蘇海布的別名）你的買賣是勝利的。』我一聽此言便說，噢！真主ﷻ的使者呀！在我發生這件事之後你就沒再見到誰，你是不可能知道的，除非是經由大天使吉布力爾。果真是啟示的大天使吉布力爾通知了穆聖ﷺ這個消息。」

23.9 學者阿爾・布提對穆聖ﷺ與聖門弟子們遷徙的評論

穆聖ﷺ的遷徙並不像歐瑪爾一樣公開的離開麥加，而是用秘密謹慎的方式，每一個步驟都小心翼翼並採取謹密的措施。不管是行進的路線或時間都是保密的。你或許會問，為何穆聖ﷺ不採取公開遷徙呢？

學者解釋說：「穆聖ﷺ是世世代代穆民的表率，是我們的教育者。倘若穆聖 ﷺ 在那樣危機四伏的情況下還公開遷徙，那就等於告訴所有的穆民可以無視於所有的困境與危險，不計一切代價行動，但事實並非如此。穆聖 ﷺ 貴為一個聖人，他若是決定公開遷徙，那麼真主 ﷻ 勢必會保護他的安全。我們以登霄的例子來看，真主 ﷻ 使他在短短的時間裡從麥加到了耶路撒冷可謂為一大奇蹟。若拿麥加到麥地那的這段路程和它相比，不值一提，那對真主 ﷻ 確是容易的。穆聖 ﷺ 是所有穆民的老師，他以他的仁慈，他敏銳的聰明才智，特別在這裡教導了那些屬於弱勢的人，在採取措施之前都必須要評估狀況小心為要。而大賢歐瑪爾他是一位英勇的聖門弟子，但他不是穆民的教育者。他知道那些非信徒傷害不了他，他公開的遷徙也是被穆聖 ﷺ 允許的。但這並不意味著歐瑪爾比穆聖 ﷺ 來得勇敢或者是他對真主 ﷻ 有著更多的信任。

在麥加時無論是穆聖 ﷺ 或聖門弟子他們都受到了考驗，這些考驗是欺壓、是迫害；是各種身心的傷害、輕視、譏諷與誣告。當穆聖 ﷺ 允許他們到麥地那去時，他們並非從此可以高枕無憂而是要面臨另一種考驗，是遠離他們的家鄉，留下他們的房子與財產，留下那些無法和他們一起離開的家人。為了信仰、為了真主 ﷻ 他們堅定地通過這兩次的考驗。在第一次考驗中他們以忍耐與犧牲的精神對抗欺壓與迫害，而第二次的考驗要求的是更多的犧牲，是離鄉背井，是為信仰放棄他們在麥加所擁有的一切，包括他們的財產與家人。放下這一切而拯救信仰、保護信仰，於是他們成了伊斯蘭歷史上的遷士。

麥加的遷士們想到族人中那些厭棄自己的人裡面有不少是自己的親戚，而遠在麥地那那些非親非故的教門弟兄們，卻展開雙手等待、慷慨地迎接如今一無所有的他們。為了伊斯蘭、為了真主 ﷻ，麥地那的聖門弟子們願意與遷士們分擔的不僅是自己的財產而是自己的所有，他們以行動支持遷士們，所以，麥地那的聖門弟子們成了歷史上的輔士。他們的行為是身為穆民最好的行為，是最好的楷模，他們對真主 ﷻ、對伊斯蘭、對教內兄弟們，展現了他們的真誠與愛，為了信仰再大再多的犧牲奉獻也在所不惜。真主 ﷻ 重視教內兄弟姐妹間的情誼，這份關係是比血親更加地濃厚。

無論是財產、家人、信仰皆為真主 ﷻ 所賜，如果不得不犧牲一方而保全另一方，那麼自然是選擇保障信仰。如果信士對養主的信任足夠，那麼便知道他為了信仰所犧牲的一切都將會失而復得。穆聖 ﷺ 和聖門弟子就是最好的證明，如果有哪些是沒有失而復得的，那將會有更好的來替代它。他將在天堂受到獎賞，得到更好的來替代他今世所做的犧牲。」

24.

穆聖 ﷺ 的遷徙

在眾多聖門弟子們紛紛離開麥加後，留在麥加的穆斯林們就只剩下穆聖 ﷺ、阿布・巴克爾、阿里・本・阿比・塔力伯和一些老弱或被關押的聖門弟子們了。其實阿布・巴克爾早在穆聖 ﷺ 允許大家往麥地那遷徙時就想離開。這一天阿布・巴克爾前來找穆聖 ﷺ 想請求准許遷徙，但穆聖 ﷺ 卻對他說：「別急！我希望真主 ﷻ 給你一個同伴。」穆聖 ﷺ 一說完，阿布・巴克爾馬上理解了話中所指的同伴就是穆聖 ﷺ 自己。聽到這個消息，阿布・巴克爾欣喜若狂。穆聖 ﷺ 對他說：「稍等些時候，我希望我也會被允許遷徙。」阿布・巴克爾問：「有希望嗎？」穆聖 ﷺ 回答：「有。」長久以來阿布・巴克爾就一直希望有一天自己能陪伴穆聖 ﷺ 遷徙，所以他早在四個月前就已備好兩頭騎乘，一頭是要為自己所用，另一頭則是為穆聖 ﷺ 所備。

24.1 麥加非信徒計畫謀殺穆聖 ﷺ

古萊氏的非信徒們察覺到大部分的穆斯林都離開了麥加，而且也已經到達了麥地那。他們知道不管是麥加的遷士也好或是麥地那的輔士也罷，這些人都是深深地愛著穆罕默德 ﷺ，他們願意為他犧牲財產、犧牲家人，甚至是自己的性命，他的追隨者是越來越多了。倘若讓他真到了麥地那，對他們來說將會是一大災難。所以他們決定一定要在麥加就將他拿下。

於是他們約好了在達爾．安那得瓦（Dār an-Nadwah）商議，這裡是他們每當有重大決定時一貫聚會的地方。麥加城裡的領導和權貴們全都被邀請前來，在門邊上古萊氏人發現了一位裝扮看似來自那吉得（Naǧd）部落的老人，他身上穿著那吉得人慣穿的厚布料衣裳。但是讓古萊氏的人訝異的是，在場的人居然沒有人認識他，當他們問起他是哪位（Šayẖ）[33] 時，他便自我介紹說是那吉得人，聽說今天有這樣的一個聚會，想來參加、或許可以給他們出點意見。古萊氏的人聽完他的介紹後歡迎他加入聚會。

對於這段歷史有些學者們解釋說：「這個老人之所以介紹自己是來自那吉得，是因為古萊氏的人開頭說了不讓帝哈瑪（Dihāmah）的人加入，因為穆罕默德 ﷺ 是屬於帝哈瑪的人，

---

33 此為尊稱，並非學者之意。

為了怕古萊氏人不願他加入這個聚會，便推說自己是那吉得人。但其實這是伊卜厲廝（惡魔）親自來參加這個聚會。」聚會中有阿布．舒非安．本．哈爾布、阿布．折害和其他人等等。他們互相議論著說：「穆罕默德ﷺ的追隨者增加了！他變得強大了，將來他一定會夥同他們與我們作戰。我們必須商討如何來對付他！」這時有人出策說：「用鐵鍊將他捆綁並鎖住大門，直到他死去。」然後那位假扮那吉得來的老人開口說：「不不不！我以真主ﷻ之名起誓！這不是個好點子，你們若是把他拘禁，消息傳到他的同伴那裡，他們一定會不惜一切與你們戰鬥到底，直到他們找到他，解救了他。如果事情這樣了，他們一定會與你們戰鬥直到打敗你們，你們必須再想想其他的辦法。」然後他們又繼續商討，一會兒又有人發言說：「我們驅逐他吧！他走了就和我們再也不相干了！這樣我們的族群就能恢復和平，從此不再受他的干擾。」這時那位假扮那吉得來的老人又說：「這不是個好辦法。你們不是不知道穆罕默德ﷺ這個人能言善道，他能用美麗的言詞拉攏人心，我以真主ﷻ之名起誓！如果你們真這麼做，那麼他有可能說服這些阿拉伯領土上的部落們，成為他的追隨者，然後回過頭來打敗你們，奪走你們手中的勢力，他更可以為所欲為。所以你們一定要想其他的辦法。」

阿布．折害開口說：「我以真主ﷻ之名起誓！我有一個對付他的好辦法，我不相信你們能想得到如此的解決之道。」說完古萊氏人好奇問道：「那是怎樣的解決之道呢？」阿布．折害解釋著說：「我們在每個部落當中選出一位孔武有力又具威望的年輕人，再給他們每位一把利劍，讓他們同時對穆罕默德ﷺ出手並且一刀斃命，這樣就了結了我們的心事。而且這麼做他的血債會分散在每個部落裡，他的家人總不能找所有的人報仇吧！這樣一來他們就會接受我們的賠償金，收下了這個錢後也就意味著復仇終止了。」

伊卜厲廝這時更煽風點火的說：「除此之外，看來也沒有其他法子了！」伊卜厲廝贊同了阿布·折害的點子，確實沒有比這個辦法更好的了！在場的人都同意了這個辦法，決定組織一個殺手隊去執行這項任務。

大天使吉布力爾隨即通知了穆聖ﷺ古萊氏的謀殺陰謀，要他當晚別睡在自己的床上。真主ﷻ啟示了《古蘭經》8 章：30 節：

「當時，不信道的人對你用計謀，以便他們拘禁你，或殺害你，或驅逐你；他們用計謀，真主也用計謀，真主是最善於用計謀的。」（*）

古萊氏的計劃是讓殺手們在穆聖ﷺ的門前守候，時間選在穆聖ﷺ出門去天房晨禮時下手，這個時間天色未明人們都在熟睡之中，不容易覺察到他們的惡行。

24.2 穆聖ﷺ預示阿布・巴克爾將要遷徙

按平常的習慣，穆聖ﷺ早晚會造訪阿布・巴克爾各一回，當時聖妻阿依莎與穆聖ﷺ也已訂親，阿依莎敘述著說：「有天中午當我和家人正在吃飯時，有人通報阿布・巴克爾說穆聖ﷺ來訪，穆聖ﷺ當時用條圍巾遮住他的頭和臉，他在這個時間點出現實在不尋常。阿布・巴克爾說：『我願我的父母[34]為他而犧牲。』我也說：『我以真主ﷻ之名起誓！穆聖ﷺ在這個時候出現一定是有要事。』穆聖ﷺ被邀請入內，阿布・巴克爾將他的床位讓給穆聖ﷺ坐下，穆聖ﷺ對阿布・巴克爾說：『這裡所有的人都應該迴避。』阿布・巴克爾說：『這裡沒有別人，他們都是家人。』穆聖ﷺ這才放心地告訴阿布・巴克爾說：『我被允許遷徙了！』」

阿布・巴克爾被這突如其來的消息所感動，他喜極而泣地問穆聖ﷺ是否能陪同穆聖ﷺ一起遷徙？穆聖ﷺ回答道：「是的。」這一刻終於到來了，阿布・巴克爾早就期盼能離開，但穆聖ﷺ讓他等候，許多不知情的人都以為阿布・巴克爾是自願留下來的。此刻的阿布・巴克爾興奮不已，他讓穆聖ﷺ看看他早預備好的兩匹騎乘，他說：「這兩匹中你選擇一匹吧！」穆聖ﷺ堅決地說：「除非你收我的錢！」

---

34 這是阿拉伯的通俗用語，意思是強調：我什麼都可以為你付出！

學者們解釋穆聖ﷺ之所以堅持自行負擔在這整個遷徙中的所需，一則是希望能從真主ﷻ那裡獲得完整的獎賞，包括這隻騎乘。再則穆聖ﷺ也不願讓阿布・巴克爾一人承擔所有的費用。為了此次遷徙阿布・巴克爾分派了他身邊最信任的人，包括他的家人們，他們還雇用了一名叫阿布都拉・本・阿爾・烏拉依格特（'Abdullāh Ibn al-Urayqiṭ，此段簡稱阿布都拉）的人為他們沙漠中的嚮導[35]。他們事先將這兩隻騎乘交給阿布都拉並且約定三天後在約好的地點相遇。而阿布・巴克爾的兩個女兒阿思瑪和阿依莎則是負責旅途中的糧食，並且由懷了身孕、即將臨盆的阿思瑪將食物送上山。為了使她們的行動不被發現，她們將食物裝在一個皮袋子裡，當食物裝滿時才發現沒有東西可用來綁住皮袋子的封口，此時阿思瑪心生一計，將自己衣服上的腰繩撕成兩段，一段用來繫住自己的衣服，另一段則用來綁住皮袋子，也因此阿思瑪得到一個別稱為「Ḏāt an-Niṭāqayn」，意思就是「兩段腰繩的主人」。一段腰繩為自己，另一段腰繩則為穆聖ﷺ。對於阿思瑪何時將腰上的衣繩撕成兩段，傳述中略有不同，按照伊瑪目阿爾・布哈里的傳述，她是在阿布・巴克爾的家中將腰繩撕開的，而按照本・伊司哈葛的傳述，阿思瑪是在將食物送到沙沃爾山（Ṯawr）山洞後，才將腰上的衣繩撕成兩段。

35 阿布都拉・本・阿爾・烏拉依格特雖非穆斯林，但是穆聖ﷺ和阿布・巴克爾還是決定用他而且和他走完全程。

24.3 阿里勇敢喬裝幫助穆聖ﷺ逃離

穆聖ﷺ在與阿布·巴克爾籌備完遷徙所需之後，他回到了自己的家。深夜裡那些來自各個部落的年輕殺手們，悄悄地來到了穆聖ﷺ的房前嚴陣以待，他們每個人手持利劍決心要殺了他。穆聖ﷺ從屋裡觀察到他們的到來，他告訴阿里讓他躺在自己的床上並且蓋上自己的外套，這件綠色外套是穆聖ﷺ所有，是來自葉門的哈達拉毛特（Ḥaḍramawt），穆聖ﷺ平常睡覺時有蓋上這件外套的習慣。穆聖ﷺ告訴阿里讓他放心並保證這些人是傷害不了他的，阿里便遵照了穆聖ﷺ的指示。

學者說：「阿里從小在穆聖ﷺ身邊長大，對穆聖ﷺ非常信任，任何時候只要阿里知道穆聖ﷺ會有生命危險，他一定會毫不猶豫地寧可犧牲自己也要拯救穆聖ﷺ，這樣的犧牲精神不僅是阿里而是聖門弟子們的共同精神，這也是令非信徒們清楚意識到並且令他們最膽怯的。」

那一夜阿里躺上了穆聖ﷺ的床鋪替代了穆聖ﷺ，他清楚知道屋外正有一群殺手伺機要砍殺穆聖ﷺ。

那些殺手們透過門縫窺視著穆聖ﷺ的床，那床上躺著個人並且蓋著他慣用的外套，他們以為穆聖ﷺ熟睡著尚未外出。當穆聖ﷺ準備就緒走出門時他邊走邊讀著《古蘭經》中〈雅辛章〉的經文，頓時真主ﷻ使這些殺手們眼光呆滯，並且就地站立睡著。穆聖ﷺ穿過他們的身邊完全不受干擾的離開了。他們完全看不見他，穆聖 ﷺ 一邊誦讀著經文，一邊順手抓起地上的沙子撒在每個殺手的頭上。

《古蘭經》36 章：1-9 節：

「雅辛。以智慧的《古蘭經》發誓，你確是眾使者之一，你的確是在正路上被派遣的使者之一。萬能至慈的主降示此經，以便你警告一族人，他們的祖先未被警告過，所以他們是疏忽大意的。他們中大多數人確已應當受判決，所以他們不信道。我確已把枷鎖放在他們的脖子上，那些枷鎖達到下巴，所以他們不能低頭。我在他們的前面安置一個障礙，在他們的後面安置一個障礙，蒙蔽了他們，所以他們看不見。」[*]

學者們對於這段歷史說出見解，他們認為穆聖 ﷺ 邊讀經邊在每個人的頭上撒上沙子的舉動，是要讓這些意圖不軌的年輕人們知道他們傷害不了他，他不僅能安然無恙的離開，並且還能在他們每個人的頭上撒上沙子，這是一項貶低使對方難堪的舉動，他們既看不見他，也傷不了他，他毫髮無傷地離開了麥加。

24.4 穆聖 ﷺ 與阿布．巴克爾啟程遠走他鄉

關於穆聖 ﷺ 行前到底拜訪了阿布．巴克爾幾次？學者阿布．夏赫巴說大多數的學者們側重的傳述是：「為了此次的遷徙穆聖 ﷺ 兩度拜訪了阿布．巴克爾，而且這兩次的時間都不是平常穆聖 ﷺ 會來拜訪的時間，第一次是在中午，而第二次則是清晨

天色未亮時。」有些學者則認為穆聖ﷺ只拜訪了阿布・巴克爾一次，並且是從阿布・巴克爾家直接開始遷徙。對於這點學者阿布・夏赫巴認為不合邏輯並且與歷史不相符，這個傳述是屬羸弱的等級。

穆聖ﷺ直接到阿布・巴克爾的家，阿布・巴克爾也早已準備就緒，趁著天色未亮動身，為了安全起見他們從阿布・巴克爾家後方的小門出發，身上帶著女兒們所準備的糧食，他們故意選擇了相反的行進路線，麥地那在北方而他們是朝南前進上了沙沃爾山。關於遷徙的日期，本・伊司哈葛說：「穆聖ﷺ的遷徙時間為三月一日（Rabī' al-Awwal），而在其他人的傳述則認為是二月底。」

這次的旅行對穆聖ﷺ而言是一大考驗，因為他是如此地深愛麥加，麥加和他有著緊密的關係，離開這個他出生、成長，有著許多回憶的地方使他心痛與不捨，他知道真主ﷻ將這個地方選為聖地是愛這個地方的，離開前他停下了腳步對天房看了最後一眼，他對著它說：「我以真主之名起誓！對我而言，你確實是真主所創造的大地中我的最愛，你也是真主的最愛，要不是你的人民驅逐我，我永遠也不會離開。」之後他做了祈禱，其大意是：

> 讚美創造我的養主！真主啊！求你幫助我使我克服今世的困難、時間的考驗、白天與黑夜裡的災難。真主啊！

求你伴隨我的旅行，求你為我眷顧我的家人，求你保佑我賜予我給養，主啊！請你使我不在任何人面前卑下唯獨在你的御前，求你以良好的舉止來強化我，使我成為你的所愛，不要因人們而離開我。噢！被欺壓者與弱勢者的主啊！你是我的養主，求你用你尊容的光庇佑我，是它使天空與大地明亮，是它使所有的黑暗消失，是它使開始與最終的被創造物變得真誠，求你在你的憤怒與你的刑罰未降下未到達我之前保護我，求你在你的仁慈未被取走前援助我，求你保護我免於你驟然降臨的懲罰，當你的災難取代了幸福時，求你保護我免於你所有形式的惱怒。你有權責備我，真主ﷻ啊！除你之外，再無權力與力量。

在做完這個告別的祈禱之後，穆聖ﷺ和阿布·巴克爾兩人便開始前往沙沃爾山前進，在那裡他們將停留三天的時間。

行進之時穆聖ﷺ發現阿布·巴克爾的行為很是怪異，他很是緊張地走在穆聖ﷺ的身邊一會兒前一會兒後，一會兒左一會兒右，而且不斷地四處張望，穆聖ﷺ問他為何如此？阿布·巴克爾回答道：「噢！真主ﷻ的使者呀！我猜想敵人可能從後方攻擊你，我便跑到你的後面，我又想敵人可能從前方傷害你，我便跑到你的前面，我又想敵人可能從左方傷害你，我便跑到你的左方，我又想敵人可能從右方傷害你，我便跑到你的右方。我擔心你的安危，為了保護你、使你安全，我便不停地前前後後地繞著你走，我的擔憂使我在你身邊不停地繞著。」

穆聖ﷺ問阿布．巴克爾：「噢！阿布．巴克爾，如果會出事，那麼你情願代替我嗎？」阿布．巴克爾回答：「是的！我以真理派遣你而來的主的尊名起誓。」阿布．巴克爾對穆聖ﷺ的深愛與真誠流露無遺。

穆聖ﷺ與阿布．巴克爾又繼續往沙沃爾山前進，山的最高處有一個可提供他們藏匿的山洞，他們到達那裡時天色未亮。當他們走到洞口時穆聖ﷺ想進去看看，阿布．巴克爾攔住了他，為了安全起見，阿布．巴克爾想自己先進山洞查看是否有危險的動物如蛇蠍等等，他請穆聖ﷺ在外等候，等他確定無誤之後才進入。入洞以後穆聖ﷺ已經筋疲力盡，他疲憊的直接靠在阿布．巴克爾的懷裡睡著了。阿布．巴克爾趁著穆聖ﷺ熟睡時將自己身上的衣服撕成一些布條，試圖將可能鑽出危險動物的石縫塞住，他一心想要維護穆聖ﷺ的安全。當他身上再也找不到多餘的布料時，他只好用他的腳趾堵住了最後一道石縫，不料就在這石縫裡正好有條蛇，牠咬了阿布．巴克爾好幾回。劇烈的疼痛使他禁不住淚流滿面，但使他更心疼是看到穆聖ﷺ是如此疲累，他盡力抑制自己不讓身體晃動，害怕自己驚醒了穆聖ﷺ。然而當他的眼淚滴落在穆聖ﷺ的臉頰時，穆聖ﷺ頓時醒了過來，看到阿布．巴克爾滿臉的淚水時他驚訝著問：「阿布．巴克爾你怎麼了？」阿布．巴克爾解釋了原由後，穆聖ﷺ用他尊貴的唾液塗抹在阿布．巴克爾的傷口上，透過真主 ﷻ 的仁慈與力量，這些傷口便痊癒了。學者阿布．夏赫巴說：「阿布．巴克爾被聖門弟子們讚譽為『Šayḫ al-Islām』，意思是指他是穆聖 ﷺ 身邊最重要的人，是聖門弟子中為首、最為優秀且為穆聖 ﷺ 犧牲最多的人，他也是穆聖 ﷺ 最愛的人。這是無可厚非的。自始至終他是所有愛穆聖 ﷺ 的穆斯林中最好的表帥，他在穆民中的地位僅次於穆聖 ﷺ。」

24.5 古萊氏謀殺的詭計失敗

穆聖 ﷺ 一向為人正直、誠實，受人敬重，他是麥加人心中最值得信賴的人。許多平常反對他與他針鋒相對的敵人，還是選擇將自己最珍貴的財產交給他來保管。遷徙之前他交代阿里兩件重要的任務，其中一件便是交還麥加人的這些財物。而第二件任務則是為穆聖 ﷺ 當替身睡在他的床上，使古萊氏人誤以為穆罕默德 ﷺ 還在自己的家裡。

穆聖 ﷺ 已離去而麥加的這些年輕殺手們卻確信穆罕默德 ﷺ 還躺在他的床上，正考慮衝進屋內將穆罕默德 ﷺ 擒拿到手時，一位古萊氏人經過那裡，驚訝的問他們為何握劍守在穆罕默德 ﷺ 的家門口？他問他們你們在等誰？他們說：「等穆罕默德 ﷺ！」古萊氏人告訴他們，他看見穆罕默德 ﷺ 早已經離開了！他說：「真主 ﷻ 使你們失敗了！我以真主 ﷻ 起誓！穆罕默德 ﷺ 一定是穿過你們中間而離開的，看看你們的頭，你們頭上都被撒上了沙。一定是他經過你們時在你們的頭上撒了沙！」年輕人們都驚訝地摸摸自己的頭，果真他們都被撒上了沙子。他們不相信自己的眼睛，明明從門縫裡看著有一個人的確睡在那兒，而且蓋著他的外套。年輕人反駁說：「我們以真主 ﷻ 的名字起誓！穆罕默德 ﷺ 在那兒呢！」他們衝進了屋子掀起外套時才發現躺在床上的居然是阿里。他們問阿里，你的同伴呢？阿里回答說：「我不知道。」在這個時候他們才意識到穆罕默德 ﷺ 是真的離開了，他們的計劃失敗了！傷心、憤怒，失望，所有的情緒籠罩著他們。

真主 ﷻ 在《古蘭經》8 章：30 節中陳述了這個事件：

「當時，不信道的人對你用計謀，以便他們拘禁你，或殺害你，或驅逐你；他們用計謀，真主也用計謀，真主是最善於用計謀的。」（*）

當古萊氏的人知道他們的計劃失敗、穆罕默德 ﷺ 已經離開麥加時，他們氣得發瘋，因為他們想要阻止的災難即將到來，不管付出多大的代價他們一定要找到他！於是他們重金懸賞，如有人能抓到穆罕默德 ﷺ 不管是死是活都可以獲得一百頭駱駝。古萊氏的人雇用了最精於辨識足跡的人，追蹤者分散在每個方向，他們勢必要抓到穆罕默德 ﷺ 和阿布・巴克爾。最終有一隊人馬追到了沙沃爾山的山洞前。

24.6 穆聖 ﷺ 逃亡路上真主 ﷻ 所派出的三個保護的「士兵」

伊瑪目艾哈默德和伊瑪目阿爾．巴札爾（Imām al-Bazzār）和許多其他的學者都傳述道：「當穆聖 ﷺ 和阿布．巴克爾躲在山洞裡時，真主 ﷻ 派出了三個士兵來保護他們，他們分別是樹、蜘蛛和野鴿子。這棵樹受了真主 ﷻ 的命令長在洞前，並用它的樹枝與樹葉遮蓋住山洞的入口；蜘蛛在洞口上佈滿了蜘蛛網；兩隻野鴿子則是在洞口築了鳥窩並且下了蛋。當敵人們隨著足跡找到山洞前時，他們非常納悶，覺得穆罕默德 ﷺ 和阿布．巴克爾是不可能躲進這個山洞裡的，要是他們真進了這個山洞，那麼這個蜘蛛網是不可能完好如初，而野鴿子也勢必受到驚嚇而飛離巢穴，有可能他們早在幾個小時前離開了。就在互相討論之時他們其中一人還是想一探究竟，但是被同行攔了下來認為不看也罷，他們說：『這個蜘蛛網一定早在穆罕默德 ﷺ 還沒出生前就織了。』

「當這些人在討論時，阿布．巴克爾害怕地發抖，他為了穆聖 ﷺ 的安危而感到擔憂。他們倆坐在洞內都可以看見那些追蹤者的腳，而且清楚地聽到他們大聲的談話，阿布．巴克爾對穆聖 ﷺ 說：『真主 ﷻ 的使者呀！如果他們其中一人往腳下看的話就會看到我們的。』穆聖 ﷺ 用平穩的口吻回答他說：『噢！阿布．巴克爾你想啊，有真主 ﷻ 當第三者陪伴，我們會發生什麼事呢？』穆聖ﷺ這句話安撫了阿布．巴克爾顫慄的心。」

真主ﷻ在《古蘭經》9 章：40 節中陳述了這個事件：

「如果你們不相助他，那末，真主確已相助他了。當時，不信道的人們把他驅逐出境，只有一個人與他同行，當時，他倆在山洞裡，他對他的同伴說：『不要憂愁，真主確是和我們在一起的。』真主ﷻ就把寧靜降給他，而且以你們所看不見的軍隊扶助他，並且使不信道者的言詞變成最卑賤的；而真主ﷻ的言詞確是最高尚的。真主ﷻ是萬能的，是至睿的。」（*）

學者說：「三個柔弱沒什麼抵抗力的被造物，織網的蜘蛛、下蛋的鴿子和一棵用樹枝遮掩了洞口的樹，真主ﷻ藉由他們掩護了他的使者和阿布．巴克爾，成為了這次遷徙中的重要功臣，它們能夠擔任這項要務實在是真主ﷻ賜予的光榮。這三個微弱的士兵成功地擾亂了敵人的判斷力，即使這些人對這地方的形勢非常有經驗，但他們還是錯失了他們的目標，即使他就在眼前。從這段傳述我們可以察知，真主ﷻ可以藉由許多的東西來保護他的使者們、保護伊斯蘭，真主ﷻ使這些被造物們有侍奉的尊榮；而事實上侍奉是真主ﷻ賜予被造物們的禮物，我們應當感激有機會可侍奉真主ﷻ，真主ﷻ決定一切事情的成功與否，所以伊斯蘭並不需要我們，但是我們卻需要伊斯蘭，意思是信仰並不需要我們，而我們卻需要它。」

有一部分的東方學者們不相信上述的這段歷史，便將它定位為童話而且不足採信。他們不相信、不承認這些所謂的「奇蹟」。學者們反問，當追兵就站在洞口只需往下窺探便會發現穆聖ﷺ和阿布．巴克爾的那一刻，是「誰」阻止了他們往下瞧？當他們其中一人想進入山洞搜尋時另一個人卻勸他說：「不看也罷。」又是「誰」阻礙了他們的成功？難道這些不是真主ﷻ的跡象嗎？那三個士兵不是真主ﷻ的跡象嗎？

24.7 阿布．巴克爾出動全家助穆聖ﷺ遷徙

穆聖ﷺ和阿布．巴克爾在沙沃爾山度過了三天三夜，這段時間裡阿布．巴克爾全家擔任了非常重要的角色，阿布．巴克爾將他們分別佈署在這次的遷徙中，個個都是重要的士兵。在這次旅行中他自己親自陪伴穆聖ﷺ。他的長女阿思瑪負責他們的飲食並親自送上山。阿思瑪當時懷有身孕，也不畏艱難大腹便便地走上崎嶇的山路。阿布．巴克爾的兒子阿布都拉是個非常機警靈敏又談吐謹慎的人。他負責白天在麥加城到處察看打探古萊氏非信徒的談話與動向，以便向穆聖ﷺ與自己的父親報告，用來判斷遷徙的行程和停留的時間。而阿米爾．本．福海伊拉赫（‘Āmir Ibn Fuhayrah）原本是阿布．巴克爾的僕人，也是位牧羊人。雖然阿布．巴克爾已還他自由身，他仍舊和他們同住如同自家人一般。這回他負責在阿思瑪和阿布都拉的身後趕著羊群好消除他們的足跡，又能同時為穆聖ﷺ與阿布．巴克爾提供新鮮的羊奶，一天裡他得趕著羊群上下山兩回，以確定他們的足跡不會

被古萊氏派來的人認出。

布哈里聖訓集中收錄了聖妻阿依莎對這段歷史的傳述，她說：「那之後真主ﷻ的使者與阿布·巴克爾到達了沙沃爾山，他們在那裡停留了三個晚上。阿布·巴克爾的兒子阿布都拉也睡在山洞裡。夜深時他去找他們並且在那裡過夜，天未明他便回來。白天他和古萊氏的人在一起彷彿他在自家中睡醒一般，所有他聽到的事都聽清楚了並且記了下來，等到他到了山洞後便一一轉述給他們聽。在宵禮過後的一個小時阿米爾·本·福海伊拉赫在阿布都拉之後便趕著羊群去了，一則是讓這些帶奶的羊群為穆聖ﷺ他們提供新鮮的羊奶，再則是消滅阿布都拉的足跡。隔日，當阿布都拉一早下山時，阿米爾又再將羊群趕到，就這樣每天兩回來來往往。」

當古萊氏的人開始看出些苗頭時，他們氣憤地來到阿布·巴克爾的家。阿思瑪敘述著當時的情形說：「古萊氏的一群人來到我們家，阿布·折害也在其中，我走出去見他們，他們問我：『阿布·巴克爾的女兒啊！你的父親在哪兒？』我回答說：『我以真主ﷻ之名起誓！我不知道我的父親在哪。』說時阿布·折害便揚起他的手打了我一大耳光，力氣之大把我的耳環給打落了下來。」

學者解釋說：「從這裡我們可以更加清楚地看到阿布·折害卑鄙粗俗的性格，犯這麼大的禁忌居然毆打一個來自如此尊貴家庭的阿拉伯婦女，對她暴力相向。」

本．伊司哈葛傳述了阿思瑪另外一段傳述，她說：「當穆聖 ﷺ 與父親遷徙時，父親帶走了他所有的財物[36]。不久之後我那瞎眼的祖父阿布．古哈發（Abū Quḥāfah）到來，他說：『我以真主 ﷻ 之名起誓，我知道我兒子讓你們為他和他的財產擔憂了！』言下頗有譴責之意，意思是他自己為之犧牲也就罷了，也沒給家人留下一些財產。我聽了之後回答道：『噢，不！我的祖父啊！父親為我們留下好多有價值的東西呢！』然後我拿了一個父親經常用它裝錢的布袋子在裡頭放了許多石頭，在那上面我又放了些布，然後我牽著他的手對他說：『祖父！把你的手放上來。』於是阿布．古哈發將手放上那個錢袋。他放心的說：『好，他果真沒那麼做，如果他把這些留下給你們就是做對了。』我想說的是其實父親並沒有留下多少，但是我以真主 ﷻ 之名起誓，我這麼做是為了讓老人家安心。」

學者說：阿思瑪的用意是希望她的祖父不會怪罪阿布．巴克爾，她知道穆斯林應當使父母對自己滿意，不要讓他們擔心，祖父已年老不知道何時父親能再回到麥加，她這麼做是不願祖父生氣傷心，這是一個善意的欺騙。這是一個聰明的女兒機智的表現，她細心地顧及到祖父的感受。

---

36 意即所有的金子和銀子，數量大約有 5,000 至 6,000 迪拉姆（Dirham 是當時的貨幣單位）。

24.8 穆聖 ﷺ 逃亡路中遇見牧羊人烏姆・馬阿巴德

經過三天積極地搜尋依然沒有找到穆罕默德 ﷺ 的情況下，古萊氏的人們終於放棄了。第四天一早真主 ﷻ 的使者和阿布・巴克爾便離開了山洞。他們與沙漠領隊阿布都拉・本・阿爾・烏拉依格特碰面後一起出發到麥地那去，與他們同行的還有阿米爾・本・福海伊拉赫。

他們走著一條與一般駱駝商隊不同的路線，他們陸續地經過了阿士番（‘Asfān）、阿媚居（Amağ），來到了古戴依得（Qudayd）這個地方；在那裡發生了一件直接關係到穆聖 ﷺ 與一位貝都因沙漠游牧民族的婦女名叫烏姆・馬阿巴德（Umm Ma‘bad）的事情。這位烏姆・馬阿巴德的兄弟胡貝須（Ḥubayš）是個聖門弟子，她的丈夫叫阿布・馬阿巴德（Abū Ma‘bad）。烏姆・馬阿巴德與穆聖 ﷺ 的這次經歷暗示出了穆聖 ﷺ 先知的使命。這次經歷中也為烏姆・馬阿巴德帶來極大的尊榮，使得她成為幾個世紀以來一位高貴而受尊敬的穆斯林婦女。直至今日當我們談到穆聖 ﷺ 傳中遷徙的歷史時就會提到她的名字，甚至在地圖上古戴依得這個地方也標示了她的名字她的帳篷。她為穆斯林婦女樹立了一個良好的形象，她對穆聖 ﷺ 細膩的描述展現出她細微的觀察能力以及高水平的語文造詣，使她成為了歷史上穆斯林婦女的典範。

伊瑪目阿爾・貝伊哈基和本・胡扎瑪（Ibn Ḫuzāmah）、伊瑪目阿爾·哈金姆、伊瑪目阿特·塔巴拉尼、伊瑪目阿布都爾·巴爾（Imām ‘Abd al-Barr）都共同傳述了由她的兄弟胡貝須所傳述的這段關於烏姆·馬阿巴德與穆聖ﷺ相遇的故事，他說：「當時穆聖ﷺ在阿布·巴克爾、阿米爾·本·福海伊拉赫和他們的沙漠領隊阿布都拉·本·阿爾·烏拉依格特的陪同下遷徙，遷徙的路上在古戴依得與烏姆·馬阿巴德相遇，烏姆·馬阿巴德的全名為阿阿提卡·本特·哈力德·本·胡來依得·阿爾·胡札伊亞（‘Ātikah Bint Ḫālid Ibn Ḫulayd al-Ḫuzā‘iyyah）。因為是上了年紀的婦人，所以她在這些旅人的面前沒有戴上面紗。她在帳篷的附近進進出出，通常她會為這些遠來的旅人們提供些飲料和食物。穆聖ﷺ和他的同伴們走到這裡時，他們身邊已經沒有口糧而且還感到口渴，於是他們詢問烏姆·馬阿巴德可否跟她買些奶或肉？她回答道：『我以真主ﷻ之名起誓，我若是還有一點糧食我一定會慷慨地拿來招待你們。』穆聖ﷺ指著一隻躺在帳篷旁的母羊，這隻母羊由於太過於瘦弱，沒有力氣和其他羊群一同出外覓食而留了下來，乾旱造成了它的虛弱。穆聖ﷺ問：『這隻羊有奶嗎？』烏姆·馬阿巴德說：『牠瘦的擠不出奶來。』穆聖ﷺ問：『那你允許我擠奶嗎？』她回答道：『可以。願我的父親與母親為你犧牲，如果你覺得牠還能擠出奶的話你就擠吧！』穆聖ﷺ示意讓她把羊帶來，他把羊腿放在他的腳與大腿之間並撫摸了牠的乳房[37]。穆聖ﷺ請烏姆·馬阿巴德拿個大盆子來，然後便開始擠奶，他擠出了好多羊奶，在場的人全都喝飽了。穆聖ﷺ也遞給烏姆・馬阿巴德喝，她也喝飽了，最後穆聖ﷺ自己才喝，穆聖ﷺ說：『若在群體中給大家分配飲料喝的時候，分配的人應當最後一個喝。』喝完後他又再次擠奶給大家喝，第三回再擠奶時他把羊奶留給烏姆・馬阿巴德[38]。說完後，他們便騎上駱駝又繼續了他們的路程。

他們離開不久之後，阿布・馬阿巴德趕著瘦弱的羊群搖搖晃晃無力地走回來，他已經累得再也走不動，當他發現家裡居然有羊奶時，非常訝異，家裡不過剩下那隻瘦弱地無法跟著出去吃草又沒受過孕的母羊，他問烏姆・馬阿巴德那隻羊怎麼可能有奶呢？當他正納悶時，烏姆・馬阿巴德解釋著說：『不是因為那隻母羊生了小羊，我以真主ﷻ之名起誓，今天有一個受賜福的男人從我們這兒走過。』阿布・馬阿巴德問她到底發生了什麼事，她這才敘述了整個充滿吉慶的相遇，這就是為何這隻羊還能有奶的原因。阿布・馬阿巴德要求烏姆・馬阿巴德為他形容那個人的長相。」

（學者說：接下來的這段描述使得烏姆・馬阿巴德的品級受到提升，使得她的名字出現在地圖上、在聖訓書籍裡、在穆聖

---

37 在一個傳述中提到穆聖ﷺ做了祈禱，而在另外一個傳述則提到穆聖ﷺ說了「憑真主之名起誓」（Bismillah）之後，那隻羊打開了牠的腿，示意牠願意讓人擠奶了。

38 在另一個傳述中則是提到穆聖ﷺ交代了烏姆・馬阿巴德把羊奶留給阿布・馬阿巴德回來時喝。

ﷺ 傳遷徙的這段歷史裡。當世人在尋找關於穆聖 ﷺ 的長相描述時，有兩個人做了最好最為仔細的描述，其中一個就是烏姆．馬阿巴德，另外一個則是聖妻哈蒂佳的兒子，穆聖 ﷺ 的繼子。）

24.8.1 烏姆．馬阿巴德對穆聖 ﷺ 的描述

胡貝須接著說：「她說：『我見到了一個人，他整個人煥發著美與光彩，他的臉是明亮且友善的，他的性格與言談舉止都非常好，他的肚子平坦，他的頭不小，這些都不曾減少他的俊美，他經常帶著友善的笑容，他所有的都是那樣的大小適中、那樣的和諧。他有著黑色的眼珠與密且長的睫毛，他的聲音柔軟，他的眼睛黑白分明，像是生來就塗了黑色的塗料（Kuhl）一般，兩道眉毛細而長在眉心相觸，他的頭髮烏黑，脖子長，他的鬍鬚濃密。他沉默時使人敬重，他談話時是那樣地高貴，在他的周遭是那樣地光亮、那樣地美。他的談話非常有條理、清楚、優美、銜接恰到好處並呈現出和諧，如同用美麗的珍珠裝飾成的一條井然有序的鍊子。他的話語是那樣甜美，清楚、明瞭、對錯分明，話不多不少恰到好處，人群中他的聲音最高亢但又恰到好處，他有著最清晰的聲音、最完美的音調。從遠處聽，覺得他的聲音最美，從近處聽，又覺得最甜。他的身材有著完美的比例，既不高也不矮，恰到好處，他如夾在兩根樹枝中的另一根樹枝（比喻的是他的身旁有著兩個護衛他的人），他是那三人之中最有光彩最亮眼的，也是他們之中品級最高的。他的朋友圍繞在他的身旁，

他一說話他們全都仔細聽著，他若有吩咐他們都搶著去執行。他們高興能為他服務而且他有許多的追隨者，一個很大的團體支持著他。你在他的臉上看不到一絲不友善，也看不到他責備別人。』阿布·馬阿巴德聽完她的描述後說：『以真主 ﷻ 起誓，這是一位古萊氏的朋友，我若是遇見他一定會追隨他，只要我有辦法我會努力找尋他。』」

24.8.2 烏姆·馬阿巴德與穆聖 ﷺ 再度相遇

胡貝須繼續說：「在這次的事件之後烏姆·馬阿巴德一家獲得了許多的吉慶。他們的羊群明顯地多了起來，不只是數量變多，而且它們也變得強壯了。這回他們是趕著一部分的羊到麥地那來的。在麥地那他們與阿布·巴克爾擦身而過，烏姆·馬阿巴德的兒子一眼認出了他，他告訴他的母親：『母親啊！那不就是跟隨在那位受賜福的人身邊的人嗎？』於是烏姆·馬阿巴德走近阿布·巴克爾問道：『真主 ﷻ 的僕人啊！那個曾經和你在一起的人是誰呀？』阿布·巴克爾問她：『妳不知道嗎？』烏姆·馬阿巴德搖頭，阿布·巴克爾回答她說：『他是真主 ﷻ 的使者。』之後阿布·巴克爾將她帶至穆聖 ﷺ 的面前，穆聖 ﷺ 用食物款待了她並且送了她禮物。」

在另外的傳述中則提到：「烏姆·馬阿巴德給穆聖 ﷺ 帶來了她從鄉下帶來的禮物，而穆聖 ﷺ 也回贈了她衣服和禮物。」烏姆·馬阿巴德自己在傳述中說道：「之後我就接受了伊斯蘭。」在其他的傳述裡提到：「烏姆．馬阿巴德遷徙了，之後她和她的先生都接受了伊斯蘭教。」伊瑪目阿爾．巴嘎威（Imām al-Baġāwī）在他的書《聖訓注釋》（*Šarḥ as-Sunnah*）中傳述的是：「烏姆．馬阿巴德和她的先生都遷徙了，她的兄弟胡貝須在她之前接受了伊斯蘭，並在穆聖 ﷺ 收復麥加時犧牲成為烈士。」

24.8.3 關於穆聖 ﷺ 與阿布．巴克爾兩人年齡差距的傳述

伊瑪目阿爾．巴嘎威的書《聖訓注釋》中傳述：「阿布．巴克爾在古萊氏人中以富商著稱。由於生意的緣故他經常穿越沙漠，所以那些經常在沙漠中行走的人都認識他。他的工作繁重，使他比實際年齡看起來蒼老些。穆聖 ﷺ 雖然比阿布．巴克爾大兩歲，但看起來卻比阿布．巴克爾年輕許多。」

阿布．巴克爾當時已超過五十歲，與穆聖 ﷺ 相比阿布．巴克爾多了許多灰白的頭髮。在遷徙的路上他們遇見了許多人，這些人都認得阿布．巴克爾，他們不禁好奇地問他，他這回陪伴的人是誰？穆聖 ﷺ 暗示阿布．巴克爾不可將他的真實身分說出（這是為了好讓他們能安全抵達麥地那）。因此阿布．巴克爾話中有話地回答說：「他是為我帶路的人。」那些問話的人以為阿布．巴克爾指的是帶領他至麥地那的人，但他暗指的是自己是尋路人，而穆聖 ﷺ 是帶領他至真主 ﷻ 正道上的人。那是一個有智慧且真誠的回答，它既是保護了穆聖 ﷺ 的真實身分，也保障了他們的安全。

關於他們的年齡，根據穆聖ﷺ自己傳述，他有一回問阿布·巴克爾：「我們倆誰年齡大些？你還是我？」阿布·巴克爾回答道：「你年長些，而且更為慷慨（Akbar wa Akram），而我則是看起來較年老。」阿布·巴克爾的這個回答，使我們看出他對穆聖ﷺ所表現的極大禮儀與他高超的智慧。聖訓學家伊瑪目本·哈傑爾也認為穆聖ﷺ比阿布·巴克爾年長。甚至在穆司林聖訓集裡也傳述了：「穆聖ﷺ歸真時六十三歲，阿布·巴克爾歸真時六十三歲……」（學者解釋說：阿布·巴克爾是在穆聖ﷺ歸真的兩年後去世的。由此看來穆聖ﷺ確實比阿布·巴克爾年長。）

24.9 古萊氏人再出重金懸賞捉拿穆罕默德ﷺ和阿布·巴克爾

當古萊氏的人獲悉穆罕默德ﷺ已經離開了麥加、他們的刺殺計劃失敗，而以穆罕默德ﷺ的人頭懸賞也徒勞無功時，他們非常地失望，卻仍舊不放棄他們緝捕的希望。這次古萊氏人決定用重金懸賞，不僅要抓回穆罕默德ﷺ，也要抓回阿布·巴克爾，所以誰要能抓到穆罕默德ﷺ就能得到一百頭駱駝，若也能抓到阿布·巴克爾則再加一百頭駱駝，這個數字對當時的人而言是一大筆財富。這筆高額獎金使一位名為蘇拉各的沙漠領隊著實心動。

蘇拉各傳述說：「當我和我目德立居（Mudliğ）的族人坐在一起時，有個人站在我們面前對我說：『噢！蘇拉各，我之前看到了一群人越過了海岸，我想那可能是穆罕默德 ﷺ 一行人吧！』我當時在心裡想，那一定是他們，但我卻故意不以為然的說：『那不是他們，你所看到的那群人也在我面前走過，他們是在找他們遺失的東西。』那人回說：『也許吧！』話說完我便起身，並且令我的僕人將我的馬牽到後門繫住，趁著其他人不注意時，我拿著我的箭偷偷地走到後門去。」

蘇拉各在獲得了穆罕默德 ﷺ 的消息之後，他故意地否定那人的話，假裝這消息是錯誤的，但他心裡卻十分確定它是正確的。這是多麼好的機會，他想要自己獨享那一百頭駱駝的賞金。

24.10 穆聖 ﷺ 逃亡路中與蘇拉各的相遇

24.10.1 蘇拉各捉拿穆聖 ﷺ 馬失前蹄

蘇拉各繼續說：「我將箭頭插在土裡，拄著它當拐杖直到走到馬的身旁，我一躍上了馬，快馬加鞭的追趕著。當我將要靠近他們時，突然之間我的馬前蹄陷入了沙堆中，我和馬都摔倒在地上。我伸手在我的袋子裡尋找我的問籤[39]，我抽出了一支籤，結

---

39 問籤，在蒙昧時期對阿拉伯人來說是一個普通的習俗，是為求得決定的方法，在這些籤上以顏色為標記，黑色是為不吉利，白色則為佳。

果是個黑色籤（意思是壞籤），我恨死了它的結果。為了實現我想帶回穆罕默德 ﷺ 而換取一百頭駱駝的目的，我不理會我的問籤又執意繼續前進。當我再度接近穆罕默德 ﷺ 時，我聽到他神閒氣定地在誦讀《古蘭經》，他並未轉身，而他的同伴阿布．巴克爾則是頻頻回頭，看起來神色非常地緊張。阿布．巴克爾告訴穆聖 ﷺ：『真主 ﷻ 的使者啊！一個騎士就要追趕上我們了！』這時穆聖 ﷺ 轉過身來並做了祈禱，他說：『真主 ﷻ 啊！你打敗他！用你想要的方式保護我們吧。』正說時，我的馬前蹄陷入沙堆直至膝蓋，把我摺倒在地，同時馬還壓在我的身上。我忿恨地把馬咒罵了一番，當馬奮力將蹄從土裡拔出來時，霎那間揚起了滿天的塵土。我又試著問籤卻又得到了和之前一樣的結果，那還是我所憎恨的答案。之後我便呼喊了他們並且承諾他們的安全[40]。我自我介紹說，我是蘇拉各．本．馬立克．本．鳩湘姆（Surāqah Ibn Mālik Ibn Ǧu‘šum），你們等等我，你們聽我說，我以真主 ﷻ 之名起誓我不會欺騙你們，不會傷害你們，你們為我祈禱我不會傷害你們。話完他們就停下了腳步，穆聖 ﷺ 為我做了都阿以，我騎上馬走到他們面前。發生了這些事後，我在心裡清楚地感受到穆罕默德 ﷺ 的確是受到保護的，沒有人能傷害得了他，他的訊息將來一定會成功並且遠播。我告訴穆罕默德

---

40 有些學者認為蘇拉各是在第二次馬失前蹄時提出保證他們的安全的承諾；而本．伊司哈葛則認為是在第三次馬失前蹄時，蘇拉各才提出承諾。

ﷺ，他的族人用他的人頭做懸賞，並且向他報告了他們的意圖。我想提供他們旅行中的糧食，但是他們拒絕了。他們對我一無所求。我說：『噢！真主 ﷻ 的使者啊！你給我一個任務吧！』穆聖 ﷺ 回答說：『你留在麥加吧！不要讓其他人跟蹤我們，隱藏我們的事。』」

學者說：「這個人在一早出發時心裡充滿陰謀，想要捕捉穆聖 ﷺ 將他帶回給他的敵人以贏得懸賞，而在這天結束之前，他已經成為穆聖 ﷺ 的士兵，一個保護他的人。」

蘇拉各說：「之後，我請穆聖 ﷺ 給我寫下一個安全的保證，他命令阿米爾·本·福海伊拉赫為我在一塊皮革上寫下這個保證，我拿到它並將它收在袋子裡後便準備返回麥加。」

24.10.2 穆聖 ﷺ 對蘇拉各的預言

正當蘇拉各要出發時，穆聖 ﷺ 叫住了他，蘇拉各說：「我聽到後，回頭看著穆聖 ﷺ，穆聖 ﷺ 說道：『蘇拉各啊！我看見你戴上了科司拉（Kisrā）的手環。』我驚訝地喊出科司拉·本·侯爾謀日（Kisrā Ibn Hurmuz）波斯王國的國王？穆聖 ﷺ 回答說：『是的。』」

蘇拉各回麥加路上一直反覆地想著他今天所經歷的這兩個先知的奇蹟，一是他親眼所見真主 ﷻ 如何保護了他的先知穆聖 ﷺ，二是先知的預言，穆聖 ﷺ 的預言是那樣的不可思議。他想當今波斯國王是一個擁有這麼大勢力的人，而自己是如此弱小的僕人，居然將來有一天可以戴上國王的手環？他實在是想不透。更讓蘇拉各驚訝的是，穆罕默德 ﷺ 目前的處境是正被自己的族人追捕，正是害怕被人發現的時候，還不確定他自己的目標是否能在和平的情況下完成，他居然承諾蘇拉各將戴上波斯國王的手環！蘇拉各實在被徹底的征服了。他滿腦子都想著這件事，但是他沒有忘記他對穆聖 ﷺ 的承諾，那就是保護穆聖 ﷺ 的安全。只要是碰上搜尋穆罕默德 ﷺ 的人，他便說他自己已經在這段路上找過了，在那兒是找不到他的。等到穆聖 ﷺ 安全抵達了麥地那時，他才說出了他和他的馬曾與穆罕默德 ﷺ 相遇的經歷，蘇拉各的故事馬上傳遍了麥加城。

當這些非信徒們聽到了關於蘇拉各的這個消息時。他們擔心它會促使更多人接受伊斯蘭，因為這裡面隱藏的是先知的奇蹟。蘇拉各當時還是目德立居部落的首領，而這個消息正是蘇拉各自己傳出去的，這使得古萊氏人更是不寒而慄。

這時阿布．折害作了一首詩（阿拉伯人經常藉由吟詩來對話），他在詩中不僅責罵了身為首領的蘇拉各，還貶抑了目德立居部落裡的人。他將蘇拉各看成是未成年的人。他說：「噢！目德立居部落的人啊！我擔心你們這位心智不成熟的蘇拉各目的是想站在穆罕默德 ﷺ 那一方，想幫助他勝利。我擔心你們就要為了他而分裂，向來受人敬重的部落眼看著就要這樣而被消滅了。」蘇拉各聽到阿布．折害的話後回答說：「噢！阿布．阿爾哈今！我以真主 ﷻ 之名起誓！如果你親眼見證我的馬是如何陷入沙土中，那麼你就會對穆罕默德 ﷺ 是使者的這件事深信不疑，誰能戰勝他呢？小心！你必須接受他，並將保護他的這件事當作是你的義務與責任，當有人要打擊他時你必須出手阻止。我看他的事蹟總有一天會露出光芒。」

24.10.3 預言成真

穆聖 ﷺ 去世之後由阿布．巴克爾執政了兩年，阿布．巴克爾去世之後由歐瑪爾統治。在歐瑪爾執政其間，伊斯蘭已遠播至波斯，當時的波斯人都信奉了伊斯蘭教。波斯帝國瓦解後，穆斯林獲得了波斯國王的手環、王冠、寶座、地毯和許多的寶藏。正直的穆斯林軍隊將所有的珠寶全數送到歐瑪爾的面前時，歐瑪爾身為軍隊的首領非常驚訝，這些士兵們騎著駱駝和馬橫越了兩千公里征戰，但對擄獲的戰利品卻沒有一人受誘惑而中飽私囊。

歐瑪爾對他們說：「說實在地，誰將它帶回並交出的人確實非常值得信任。」阿里．本．阿比．塔力伯這時誇讚歐瑪爾說：「你身為長官，本身潔身自愛，對這些東西保持清廉，你的下屬自然也會仿效你一樣潔身自愛，自然就能克服這樣的小事。他們在內心中努力要求自己，所以不受這些東西誘惑。」之後歐瑪爾將所有的戰利品發給所有的穆斯林，唯獨沒有留給自己。在分配之時他想起了當年穆聖 ﷺ 曾對蘇拉各說過，他看見蘇拉各戴上了波斯國王科司拉的手環的那番話。他命令蘇拉各前來並讓他戴上這兩個手環，由於蘇拉各手臂上毛髮很長，所以他請歐瑪爾為他戴上手環，歐瑪爾對蘇拉各有感而發地喊說：「說！真主 ﷻ 至大！讚主超絕！他把科司拉的手環拿下，而使目德立居部落的一個貝都因人 —— 蘇拉各・本・馬立克・本・鳩湘姆戴上了它們。」歐瑪爾並且讓蘇拉各騎上一匹馬遊走麥地那城。人們陪著蘇拉各情緒高昂地一遍又一遍地喊著歐瑪爾剛剛說的話：「真主 ﷻ 至大！讚主超絕！他把科司拉的手環拿下，而使目德立居部落的一個貝都因人 —— 蘇拉各・本・馬立克・本・鳩湘姆戴上了它們。」這是當時在麥地那的一大盛事，它是穆聖 ﷺ 歸真後實現的先知的預言。

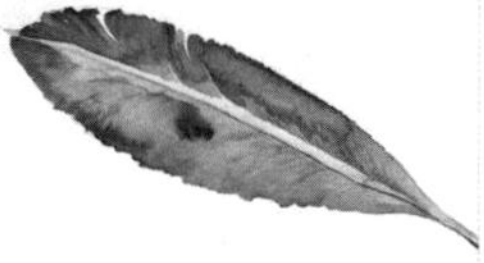

25.

穆聖ﷺ與阿布・巴克爾平安到達麥地那

傳述中說：「當穆聖ﷺ及阿布・巴克爾和他們的護送者來到了阿爾・丘賀發（al-Ǧuḥfah）這個地方時，經過了馬立克・本・阿爾・阿烏司・阿爾・阿司拉米（Mālik Ibn al-Aws al-Aslamī）的駝隊旁，一個年輕人正看管著這些駱駝。穆聖ﷺ問他：『這些駱駝是要給誰的？』年輕人答道：『是要給阿司拉姆人的。』（他指的是馬立克）。穆聖ﷺ看了看阿布・巴克爾，另有寓意的對他說：『印沙安拉！[41] 你是受保護的。』穆聖ﷺ繼續問年輕人：『你叫什麼名字呢？』年輕人答道：『Mas'ūd。』（Mas'ūd 意思即為快樂）穆聖ﷺ再度看著阿布・巴克爾並對他

41「印沙安拉」意即「如真主所願」，是一句祝福的話，其阿拉伯文發音為 In Šā Allah，與年輕人回答的「阿司拉姆」（Aslām）與「伊斯蘭」（Islām）都有同樣的字根 sa-li-ma，都有保護、健康、和平、被拯救的意思。

說：『印沙安拉！你會獲得幸福快樂。』」雖然他們身處在擔心不安的狀況，但穆聖ﷺ聽到一個名字便從中取出它吉祥的訊息。他理解出文字中意味著好消息。學者阿布．夏赫巴說：「從這裡我們看到穆聖ﷺ喜愛正向樂觀的個性，他不喜歡消極。」

在繼續往麥地那的路上穆聖ﷺ看見了從夏姆歸來的穆斯林的駝隊，他們遇見了阿茲．祖貝爾．本．阿爾．阿旺姆（az-Zubayr Ibn al-‘Awwām）。阿茲．祖貝爾從他購買的貨品中挑了兩件白色的衣服送給穆聖ﷺ和阿布．巴克爾。以上傳述由布哈里聖訓集收錄。

伊瑪目本．哈傑爾．阿爾．阿司嘎蘭尼在他的書《造物主的啟示》（*Fatḥ al-Bārī*）中解釋布哈里聖訓集中的傳述時說：「塔爾哈．本．烏貝伊德伊拉（Ṭalḥah Ibn ‘Ubaydillāh）也遇見了穆聖ﷺ和阿布．巴克爾，並且也送給了他們兩件白色的衣服。」

當麥地那的穆斯林獲知穆聖ﷺ已經離開麥加、正與阿布．巴克爾在前往麥地那的路上時，他們每天都會到阿爾．哈爾拉賀（al-Ḥarrah）[42] 這個地方等候。他們認為穆聖ﷺ應該會從這個方向前來，便日復一日的到這裡翹首企盼，直到中午的太陽曬得無法承受才回家。

那天他們依然來等候穆聖ﷺ，中午難耐炎熱才剛折返家時，一位猶太人爬上了他們的護城牆，從那裡他看見了穆聖ﷺ和他

---

42 阿爾．哈爾拉賀是出了名一個非常炎熱的地方。

的護送者，他們兩人身穿白色的衣裳，身上散發出耀眼的光芒。他從他們的衣著知道這兩位就是麥地那期待已久的人了。猶太人描述說：「這個景象簡直就像海市蜃樓般。」他再也等不及了，他大喊著：「阿拉伯人啊！這就是你們的幸福！你們所期待的領導人已經來了！」所有的穆斯林一聽到這個令他們期待已久的消息時，他們手抓著武器奔向穆聖ﷺ。學者阿布·夏赫巴說：「他們手帶武器是意味著說：『我們準備好了，我們在這兒，我們是強壯的，我們就是他的護衛。我們每個人都支持他並且願意為他而犧牲。我們絕不容許他受到一絲絲的傷害。』」

單詞與人名音標對照表

這個音標系統在歐洲經常被使用在阿拉伯文字與人名上。以下是用拉丁文字母或增加的符號來寫出阿拉伯文字的音標。

a	短音 a	م	M m	ع	‘
ا	長音 Ā ā	ن	N n	ء	’
ب	B b	ق	Q q		
د	D d	ر	R r		
ذ	Ḏ ḏ	س	S s		
ض	Ḍ ḍ	ش	Š š		
ف	F f	ص	Ṣ ṣ		
ج	Ğ ğ	ت	T t		
غ	Ġ ġ	ث	Ṯ ṯ		
ه	H h	ط	Ṭ ṭ		
ح	Ḥ ḥ	短音	u		
		長音	ū		
خ	Ḫ ḫ	و	W w		
ي	Ī ī	ي	Y y		
ك	K k	ز	Z z		
ل	L l	ظ	Ẓ ẓ		

翻譯名稱對照表

外文譯音	中文譯音	備註
	A	
Abān Ibn ‘Uṯmān	阿邦・本・歐斯曼	聖門弟子
‘Abd al-Malik Ibn Marwān	阿布德・阿爾・馬力克・依本・馬爾灣	
‘Abd ar-Raḥmān Ibn ‘Awf	阿布得・阿爾・拉赫曼・本・阿武夫	聖門弟子
‘Abdullāh	阿布都拉	1. 穆聖之子 2. 奶媽的兒子
‘Abdullāh Ibn ‘Abbās	阿布都拉・本・阿巴斯	本・阿巴斯之子
‘Abdullāh Ibn Abī Bakr	阿布都拉・本・阿布・巴克爾	阿布・巴克爾之子
‘Abdullāh Ibn Abī Umayyah al-Maḫzūmī	阿布都拉・本・ 阿比・伍麥亞・阿爾・馬賀祖米	穆聖的表兄弟
‘Abdullāh Ibn al-Urayqiṭ	阿布都拉・本・ 阿爾・烏拉依格特	沙漠中的嚮導
‘Abdullāh Ibn ‘Amr Ibn al-‘Āṣ	阿布都拉・本・阿莫爾・本・阿爾・阿司	聖門弟子
‘Abdullāh Ibn ‘Amr Ibn Ḥarām	阿布都拉・本・阿莫爾・本・哈倫姆	聖門弟子
‘Abdullāh Ibn az-Zubayr	阿布都拉・本・阿茲・祖貝爾	
‘Abdullāh Ibn az-Ziba‘rā as-Sahmī	阿布都拉・本・阿止・幾巴拉・阿沙賀米	
‘Abdullāh Ibn Ǧaḥš	阿布都拉・本・甲賀須	聖門弟子

外文譯音	中文譯音	備註
‘Abdullāh Ibn Ǧud‘ān	阿布都拉・本・久得安	
‘Abdullāh Ibn Mas‘ūd	阿布都拉・本・馬司悟得	聖門弟子 第一位公開誦讀古蘭經
‘Abdullāh Ibn Rabī‘ah	阿布都拉・本・拉比阿	
‘Abdullāh Ibn Rawāḥah	阿布都拉・本・拉瓦哈	輔士
‘Abdullāh Ibn Ubayy Ibn Salūl	阿布都拉・本・烏貝伊・本・沙鹿爾	
‘Abdullāh Ibn ‘Umar	阿布都拉・本・歐瑪爾	歐瑪爾之子
‘Abdullāh Ibn Umm Maktūm	阿布都拉・本・烏姆・馬克圖姆	穆聖弟子，盲人
‘Abd al-Muṭṭalib	阿布杜爾・穆塔力伯	穆聖的祖父
‘Abd al-Wahhāb an-Naǧǧār	阿布都瓦哈伯・阿爾・拿迦爾	學者
‘Abd ar-Raḥmān Ibn ‘Awf	阿布得・阿爾・拉赫曼・本・阿武夫	聖門弟子
‘Abd ar-Raḥmān Ibn Ka‘b Ibn Mālik	阿布杜拉賀曼・本・卡阿伯・本・馬立克	
‘Abd ar-Raḥmān Ibn Quraẓ	阿布杜拉賀曼・本・古拉日	聖門弟子
Abrahah	阿布拉哈	葉門首領
Abessinien	阿貝細尼亞	現今的衣索比亞
Abī Ḥātim	阿比・哈提姆	傳述者
Abī Qubays	阿比・古百司	山丘
Abū ‘Abd ar-Raḥmān Yazīd Ibn Ṯa‘labah Ibn Ḫazmah	阿布・阿布德・阿爾拉賀曼・亞濟德・本・撒拉霸賀・本・哈札瑪	輔士
Abū Habāh al-Anṣārī	阿布・哈巴賀・阿爾・安薩里	聖門弟子
Abū al-‘Āṣ Ibn ar-Rabī‘	阿布・爾・阿司・本・阿拉比	穆聖的大女婿
Abu al-Baḫtarī al-‘Āṣ Ibn Hišām Ibn al-Ḥāriṯ Ibn Asad	阿布爾・布賀塔理・本・阿爾・阿司・本・希珊・本・阿爾・哈里士・本・阿沙得	

外文譯音	中文譯音	備註
Abū Bakr	阿布・巴克爾	聖門弟子
Abū Ḏarr (al-Ġifārī)	阿布・日爾・阿爾・吉發力	聖門弟子
Abū Ayyūb al-Anṣārī	阿布・艾由伯・阿爾・安薩里	聖門弟子
Abū Faḍl	阿布・法得爾	阿爾・阿巴斯的另一稱呼
Abū Fukayhah	阿布・福開伊哈	
Abū Hālah Mālik Ibn Nābulsī Ibn Zurārah at-Tamīmī	阿布・哈拉・馬立克・本・拿巴司力・本・祖拿拉・阿特・塔彌米	
Abū Ḥamrah	阿布・哈姆拉	聖門弟子
Abū Ḥāṭib Ibn ʻAmr	阿布・哈惕伯・本・阿莫爾	
Abū al-Ḥaysar Anas Ibn Rāfiʻ	阿布・阿爾・哈伊薩爾・阿納斯・本・拉非阿	
Abū Hurayrah	阿布・胡萊拉	聖門弟子
Abū Ḥuḏayfah Ibn al-Muġīrah	阿布・胡冉依發・本・阿爾・姆宜拉	
Abū Ḥuḏayfah Ibn ʻUtbah Ibn Rabīʻah	阿布・胡冉依發・本・烏特巴・本・拉必阿	聖門弟子
Abū Ǧahl Abū Ḥakam Ibn Hišām	阿布・折害 原名：阿布・阿爾・哈今・本・希珊	
Abū Lahab	阿布・拉賀伯	穆聖伯父
Abū Laylā al-Anṣārī	阿布萊伊拉・阿爾・安薩里	聖門弟子
Abū al-Hayṯam Ibn at-Tayhān	阿布・爾・海薩姆・本・阿特泰依漢	輔士
Abū Maʻbad	阿布・馬阿巴德	牧羊人
Abū Masʻūd ʻAmr Ibn ʻUmayr aṯ-Ṯaqafī	阿布・馬司烏得・阿莫爾・本・伍麥亞・阿薩嘎非	
Abū Nu'aym	阿布・努艾姆	聖訓傳述者
Abū Quḥāfah	阿布・古哈發	阿布・巴克爾的父親
Abū Sabrah Ibn Abī Rahm	阿布・沙布拉・本・阿比・拉賀姆	聖門弟子

外文譯音	中文譯音	備註
Abū Sa'īd al-Ḫudrī	阿布・薩伊德・阿爾滬得里	傳述聖訓者
Abū Salamah al-Maḫzūmī	阿布・沙拉瑪・阿爾・馬賀祖米	聖門弟子 穆聖的表兄
Abū Šahbah	學者阿布・夏赫巴	Šayḫ Dr. Muhammad Abū Šahbah
Abū Sufyān Ibn Ḥarb	阿布・舒非安・本・哈爾布	
Abū Ṭalḥah	阿布・塔爾哈	
Abū Ṭālib	阿布・塔力伯	穆聖的伯父
Abū Umāmah	阿布・烏瑪瑪	聖門弟子
Abū Ya'lā	阿布・亞拉	聖訓傳述者
Abū Zahrah	阿布・讓賀拉	學者
Ādam	阿丹	聖人
'Addās	阿達司	奴隸名
Adham	阿讓姆	伊瑪目阿讓姆
'Adnān	阿得南	穆聖的先祖
Aḥmad	艾哈默德	穆聖之名
'Āišah Bint Abī Bakr	阿依莎・本特・阿比・巴克爾	聖妻
al-'Āṣ Ibn Wā'il as-Sahmī	阿爾・阿司・本・瓦伊爾・阿司沙米	
al-'Abbās Ibn 'Abd al-Muṭṭalib	阿爾・阿巴斯・本・阿布都爾・穆塔力伯	穆聖伯父
al-'Abbās Ibn Naẓlah Ibn Mālik Ibn al-'Aǧlān	阿爾・阿巴斯・本・拿資拉賀・本・馬力克・本・阿爾阿居蘭	輔士
al-Aḫnas Ibn Šarīq	阿爾・阿賀那司・本・夏力各	
al-'Aqabah	阿爾・阿各巴	天房附近
al-'Āqib	阿爾・阿戈易伯	穆聖之名
al-Arqam Ibn Abī al-Arqam	阿爾・阿爾告姆・本・阿比爾・阿爾告姆	
al-Aswad Ibn 'Abd Yaġūṯ	阿爾・阿司瓦得・本・阿伯得・亞古世	

外文譯音	中文譯音	備註
al-Aswad Ibn al-Muṭṭalib Ibn Asad	阿爾·阿司瓦德·本·阿爾·穆塔力伯·本·阿薩得	
al-Azraqī	阿爾·阿資拉季	《麥加的歷史》作者
al-Barā' Ibn Ma'rūr	阿爾·巴剌·本·馬盧爾	聖門弟子
al-Bayt al-Ma'mūr	拜圖·麥爾姆勒	
al-Buraḍ Ibn Qays	阿爾·布拉特·本·嘎易司	
al-Ǧuḥfah	阿爾·丘賀發	地名
al-Ḥāfiẓ Ibn Diḥyah	阿爾·哈菲茲·本·迪賀亞	
al-Ḥaǧǧāǧ Ibn Yūsuf	阿爾·哈賈巨·本·優蘇福	軍隊首領
al-Ḥaǧūn	阿爾·哈軍	地名（穆聖祖父埋此）
al-Ḥarrah	阿爾·哈爾拉賀	地名
al-Ḥāriṯ	阿爾·哈力時	穆聖奶媽之夫
al-Ḥašīr	阿爾·哈細爾	穆聖之名
'Alī Ibn Abī Ṭālib	阿里·本·阿比·塔力伯	聖門弟子（簡稱阿里）
al-'Izz Ibn 'Abd as-Salām	阿爾·依資·本·阿布得·阿司·薩蘭姆	學者
al-Ǧamal	阿爾·甲麻爾	戰役
al-Ǧārūd Ibn Abī Sabrah al-Baṣrī	甲路德·本·阿比·蘇布拉·阿爾·巴士里	
Allāh	安拉	
al-Lāt	阿爾·拉特	麥加神像名
al-Māḥī	阿爾·瑪黑	穆聖之名
al-Muṭ'im Ibn 'Adī	阿爾·木塔伊姆·本·阿帝	
al-Muṯhir Ibn 'Amr	阿爾·穆特希爾·本·阿莫爾	聖門弟子
al-'Uzzāh	阿爾·烏扎	麥加神像名
al-Walīd Ibn al-Walīd Ibn Muġīrah	阿爾·瓦力得·本·阿爾·瓦力得·本·姆宜拉	阿爾·瓦力得之子
al-Walīd Ibn al-Muġīrah	阿爾·瓦力得·本·阿爾·姆宜拉	
al-Qāsim	阿爾嘎幸	穆聖之子

外文譯音	中文譯音	備註
al-Wāqidī	學者阿爾·瓦葛伊迪	穆聖傳作者
Amağ	阿媢居	地名
Āminah Bint Wahb	阿米娜·本特·瓦哈伯	穆聖的母親
‘Ammārah Ibn al-Walīd Ibn al-Murġīrah	烏瑪拉·本·阿爾·瓦力得·本·阿爾·姆宜拉	
‘Amr Ibn al-‘Āṣ	阿莫爾·本·阿爾阿司	
‘Amr Ibn Abī Waqqāṣ	阿莫爾·本·阿比·瓦嘎斯	聖門弟子
‘Āmir Ibn Fuhayrah	阿米爾·本·福海伊拉赫	聖門弟子阿布·巴克爾的僕人
Amir Zaydan	阿米爾·熱依旦	《古蘭經》經注學者
‘Ammār Ibn Yāsir	阿瑪爾·本·亞細爾	Sumaya 的兒子 小名是 Abu Yaqdhaan （阿布·亞各熱恩）
‘Amr Ibn Asad	阿莫爾·本·阿薩得	聖妻哈蒂佳的伯父
‘Amr Ibn al-Ğamūḥ	阿莫爾·本·阿爾·甲目賀	
‘Amr Ibn Rabī‘ah	阿莫爾·本·拉必阿	聖門弟子
an-Naḍr Ibn al-Ḥāriṯ	安那日爾·本·阿爾·哈里司	
an-Nahdiyyah	安·娜賀地亞	
Anas Ibn Mālik	安那斯·本·馬立克	聖門弟子
‘Aqīdah	伊斯蘭信仰學	
Arwā Bint Ḥarb	阿爾娃·本特·哈爾伯	阿布·拉賀伯的妻子
Asad Ibn Zurārah	阿司阿得·本·祖拿拉	輔士
‘Asfān	阿沙番	地名
Aṣḥamah Ibn Abğar an-Nağāšī (Malik al- Ḥabašah)	阿司·哈馬賀·本·阿布加爾·安·那加須	阿貝細尼亞國王（簡稱阿司·哈馬賀或安·那加須）
Āsiyā	阿喜葉	法老的妻子
Asmā’ Bint Abī Bakr	阿思瑪·本特·阿比·巴克爾	阿布巴克爾的女兒
Asmā’ Bint ‘Amr Ibn ‘Adī Ibn Nābī (Umm Manī‘)	阿思瑪·本特·阿莫爾·本·阿答依·本·拿比	女輔士又稱烏姆·馬妮 Umm Manī‘

外文譯音	中文譯音	備註
Asmā’ Bint ‘Umays	阿思瑪・本特・烏湄司	加法爾的妻子
‘Ātikah Bint Ḫālid Ibn Ḫuwaylid al-Ḫuzā‘iyyah (Umm Ma‘bad)	阿阿提卡・本特・哈力德・本・胡來依得・阿爾・胡札伊亞	女牧羊人烏姆・馬阿巴德（Umm Ma‘bad）的全名
‘Atīq Ibn ‘Ā’iḏ Ibn ‘Abdullāh Ibn ‘Amr Ibn al-Maḫzūmī	阿替格・本・阿以日・本・阿布都拉・本・阿莫爾・本・阿爾・馬賀祖米	聖妻哈蒂佳的前夫
aṭ-Ṭāhir	阿特・特西爾	穆聖之子
aṭ-Ṭā’if	塔亦夫	地名
aṭ-Ṭayyib	阿特・特依依伯	穆聖之子
al-Uṣayrim ‘Amr Ibn Ṯābit Ibn Waqš	阿爾・烏撒依禮印・阿莫爾・本・撒必得・本・瓦各須	聖門弟子
‘Awf Ibn al-Ḥāriṯ	阿武夫・本・阿爾・哈力時	輔士
‘Ayn	艾因	地名
‘Ayyāš Ibn Abī Rabī‘ah	阿依亞須・本・阿比・拉比亞	聖門弟子
az-Zubayr Ibn ‘Abd al-Muṭṭalib	阿茲・祖貝爾・本・阿布杜・阿爾・穆塔力伯	穆聖的伯父
az-Zubayr Ibn al-‘Awwām	阿茲・祖貝爾・本・阿爾・阿旺姆	
B		
Badr	白德爾	戰役
Baḥīrah	巴希拉	教士
Bark al-Ġimād	巴爾客・阿爾・吉馬得	地名
Baḥīrah Ibn Firās	巴希拉・本・菲拉司	
Bāqūm	巴固	羅馬建築師
Beduinen	貝都因人	遊牧民族
Bilāl Ibn Rabāḥ al-Ḥabašī	比拉爾・本・拉巴賀・阿爾・哈巴西	第一位喚拜者
Buraydah	布萊達	聖門弟子

外文譯音	中文譯音	備註
D		
Dağğāl	達加爾	騙子
Dār an-Nadwah	達爾・安那得瓦	古萊氏人聚會所
Ḏāt an-Niṭāqayn		兩段腰繩的主人
Diḥyah al-Kalbī	迪賀亞・阿爾・克爾比	聖門弟子
Dīnār	迪那爾	貨幣名
E		
Emil Durmingham	艾瀰爾・杜明罕	東方主義學者
F		
Fāṭimah	法蒂瑪	穆聖的女兒
Fāṭimah Bint al-Ḫaṭṭāb	法蒂瑪・本特・阿爾・哈塔伯	歐瑪爾・本・阿爾・哈塔伯的妹妹（暱稱為烏姆・加蜜爾 Umm Ğamīl）
G		
Ğābir Ibn ‘Abdillāh Ibn ‘Amr Ibn Hišām	加必爾・本・阿布迪拉・本・阿莫爾・本・希珊	聖門弟子
Ğābir Ibn ‘Abdillāh Ibn as-Sulāmī	加必爾・本・阿布帝拉・本・阿舒拉米	輔士
Ğābir Ibn Samurah	甲必爾・本・沙幕拉	聖門弟子
Ğabr	賈伯爾	鑄劍師
Ğa‘far Ibn Abī Ṭālib	加法爾・本・阿比・塔力伯	阿布・塔力伯之子
Ğamīl Ibn Ma‘mar al-Ğumaḥī	嘉米爾・本・麻阿麻爾・阿爾・鳩麻西	古萊氏人
Ğibrīl	吉布力爾	大天使
H		
Ḫabbāb Ibn al-Aratt	哈巴伯・本・阿爾・阿拉特	聖門弟子
Ḥabībah Bint Abī Sufyān	哈比巴賀・本特・阿比・舒非安（簡稱哈比巴賀）	原為烏貝依都拉的妻子後為穆聖妻
Ḫadīğah Bint Ḫuwaylid	哈蒂佳・本特・胡維立德	聖妻

外文譯音	中文譯音	備註
Ḥaḍramawt	哈達拉毛特	地名（位於葉門）
Ḥāfiẓ Ibn al-Ḫaṭṭāb Ibn Diḥyah	哈菲茲阿布都爾・哈塔伯・本・塔西亞	穆聖傳作者
Ḥafṣah	哈芙莎	聖妻
Hāğar	哈潔	聖人易司馬儀的母親哈潔
Ḥakīm Ibn Ḥizām	哈金・本・西讓姆	聖妻哈蒂佳的侄子
Ḥalīmah Bint Abū Ḏu'ayb as-Sa'diyyah	哈里瑪・本特・阿布杜艾伊伯・阿撒弟亞（簡稱哈里瑪）	穆聖的奶媽
Ḥamāmah (Umm Bilāl)	哈瑪瑪	比拉爾的母親
Ḥamzah	哈姆薩	穆聖的伯父，又稱阿布・哈馬拉
Ḫiḍr	海迪爾	大智者
Ḥunayn	胡乃因	戰役
Ḥanṭamah (Bint Hišām Ibn al-Muġīrah)	罕塔瑪	歐瑪爾・本特・阿爾哈塔伯的母親
Hārūn (Harūn)	哈倫	先知
Hārūn Harūn ar-Rašīd	哈倫・阿爾・拉希德	哈里發
Ḥasan	哈桑	
Ḥassān Ibn Ṯābit	哈桑・本・撒必得	聖門弟子
Ḫawlah Bint Ḥātim	哈烏拉・本特・哈提姆	聖門弟子
Hišām Ibn al-Muġīrah	哈希姆・本・阿爾・姆宜拉	歐瑪爾・本・阿爾・哈塔伯的外祖父
Herakles	黑拉克勒司	羅馬國王
Ḥilf al-Fuḍūl	福都爾協定	
Hišām Ibn al-'Āṣ	希珊・本・阿爾阿司	聖門弟子
Hišām Ibn 'Amr al-'Āmirī	希珊・本・阿莫爾・阿爾・阿米立	
Ḥubayš	胡貝須	烏姆・馬阿巴德的兄弟
Ḥuḏayfah Ibn al-Yamān	胡冉伊發・本・阿爾・亞曼	輔士

外文譯音	中文譯音	備註
	I	
Iblīs	伊卜厲廝	惡魔
Ibn ‘Abbās	本・阿巴斯	
Ibn ad-Duġunnah	本・阿德・杜古那	
Ibn al-Aṯīr	本・阿爾・阿希爾	聖訓學家
Ibn ‘Asākir	本・阿撒基爾	聖訓傳述者
Ibn Hišām	本・希珊	早期穆聖傳作者
Ibn Ḫuzāmah	本・胡扎瑪	
Ibn Isḥāq	本・伊司哈葛	全名為 Muhammed Ibn Ishaq 第二代穆聖傳的編寫者
Ibn Kaṯīr	學者本・凱西爾	
Ibn Mardāwī	本・馬爾達未	經注學家
Ibn Sa‘d	本・薩阿得	聖門弟子
Ibn Šihāb	本・栩哈伯	聖門弟子
Ibn Šihāb az-Zuhrī	本・希哈伯・阿祖賀利	唯一一位非聖門弟子的聖訓傳述者
Ibrahīm	易卜拉欣	聖人
Idrīs	伊得利司	先知
Imām ‘Abd al-Barr	伊瑪目阿布都爾・巴爾	
Imām Abū Dawūd	伊瑪目阿布・達悟德	
Imām Abū Ḥanīfah	伊瑪目阿布・哈尼法	
Imām Adham	伊瑪目阿讓姆	
Imām Aḥmad Ibn Ḥanbal	伊瑪目艾哈默德・本・漢巴爾	
Imām al-Baġāwī	伊瑪目巴嘎威	
Imām al-Bayhaqī	伊瑪目阿爾・貝伊哈基	
Imām al-Bazzār	伊瑪目巴札爾	
Imām al-Buḫārī	伊瑪目布哈里	
Imām al-Būṣīrī	伊瑪目阿爾・布希理	詩集《布爾達（*Burda*）》作者

外文譯音	中文譯音	備註
Imām al-Ḥākim	伊瑪目阿爾・哈金姆	
Imām al-Qurṭubī	伊瑪目庫爾圖比	
Imām an-Nasā'ī	伊瑪目安・那沙義	
Imām aš-Šāfi'ī	伊瑪目夏非易	
Imām as-Subkī	伊瑪目阿司蘇布基	
Imām as-Suhaylī	伊瑪目蘇海立	
Imām aṭ- Ṭabarānī	伊瑪目塔巴拉尼	
Imām at-Tirmiḏī	伊瑪目阿特・鐵爾密濟	
Imām az-Zarqānī	伊瑪目扎爾咖尼	
Imām az-Zarkašī	伊瑪目阿扎爾凱西	
Imām Ibn 'Abd al-Barr	伊瑪目本・阿布德・阿爾・巴爾	
Imām Ibn Ğarīr aṭ-Ṭabarī	伊瑪目本・甲力爾・阿塔・塔巴里	
Imām Ibn Ḥağar al-'Asqalānī	伊瑪目本・哈傑爾・阿爾・阿司嘎蘭尼	聖訓學者
Imām Ibn Māğah	伊瑪目本・馬加	
Imām Mālik	伊瑪目馬力克	全名叫 Mālik Ibn Anas
Imām Muslim	伊瑪目穆司林	
'Imrān	儀姆蘭	先知
'Īsā	爾撒	聖人
Isāf & Nā'ilah	伊屑夫和拿依拉	神像
Ismā'īl	易司馬儀	聖人
Isrā'		夜行
Iyās Ibn Mu'āḏ	依也司・本・姆阿司	
	K	
Ka'b Ibn Mālik	卡巴・本・馬立克	聖門弟子
Kisrā Ibn Hurmuz	科司拉・本・侯爾謀日	波斯王國的國王

外文譯音	中文譯音	備註
L		
Labīd	拉比德	詩人
Layla Bint Abī Ḥaṯmah	雷依拉・本特・阿比・哈司馬	阿莫爾・本・拉必阿的妻子
Lūṭ	路特	先知
M		
Madīnah	麥地那	
(Maġāzī) Mūsā Ibn ‘Uqbah	馬嘎日・穆薩・本・烏各巴	Magaazi 指戰役
Maysarah	麥依沙拉	
Mālik Ibn Sa‘sa‘ah	馬力克・本・薩阿薩阿	聖門弟子
Manāt	馬那特	麥加人所信仰之神像名
Maryam Bint ‘Imrān	麥爾彥・本特・儀姆蘭	先知儀姆蘭的女兒
Martin Lings	馬丁・靈克司	東方主義學者
Marwah	馬爾瓦	天房附近的山丘
Masǧid al-Ǧinn	精靈清真寺	
Mekka	麥加	
Mālik Ibn al-Aws al-Aslamī	馬力克・本・阿爾・阿烏司・阿爾・阿司拉米	
Mu‘āḏ Ibn al-Ḥāriṯ Ibn Rifā‘	穆阿司・本・阿爾・哈力司・本・里法阿	輔士
Mu‘āḏ Ibn ‘Afrā’	穆阿司・本・阿法拉	輔士
Mu‘āḏ Ibn ‘Amr Ibn al-Ǧamūḥ	穆阿司・本・阿莫爾・本・阿爾・甲目賀	輔士
Mu‘āḏ Ibn Ǧabal	穆阿司・本・甲伯爾	輔士
Mu‘āwiyah Ibn Abī Sufyān	穆阿維亞・本・阿比・舒非安	曾為穆斯林的領袖
Muḥammad Fārid Waǧdī	穆罕默德・法力得・瓦哥迪	東方主義學者
Muḥammad Ḥusayn Haykal	穆罕默德・胡笙・海凱爾	東方主義學者

外文譯音	中文譯音	備註
Muḥammad Ibn Abī Ḥuḏayfah	穆罕默德・本・阿比・胡冉依發	阿布・胡冉依發之子
Muḥammad Ibn Ṣafī al-Maḫzūmī	穆罕默德・本・撒非・阿爾・馬賀祖米	聖妻哈蒂佳與前夫所生女兒 Hind 之子
Muḥammad Ṣa'īd Ramaḍān al-Būṭī	學者阿爾・布提	Šayḫ Muḥammad Ṣa'īd Ramaḍān al-Būṭī
Mūsā	穆薩	聖人
Mūsā Ibn 'Uqbah	穆薩・本・烏各巴	
Mus'ab Ibn 'Umayr	穆薩伯・本・烏麥爾	聖門弟子伊斯蘭第一位信使
Musaylimah al-Kaḏḏāb	姆薩里麻・阿爾・卡讓伯	騙子
Mu'tah	牧塔賀	戰役
Mutawātir		眾傳聖訓
Muzdalifah	穆茲達理法山	
N		
Naḫlah	那賀拉	天房近郊
Nasibien	那西賓	地名
Nasṭūr	那世圖	修道士
Nīnawā	乃那瓦	城市名
Nilieno	尼李焉娜	義大利學者
Nu'aym Ibn 'Abdillāh an-Naḥḥām	努阿宜姆・本・阿布帝拉・安那漢姆	聖門弟子
Nufaysah Bint Munyah	努非莎・本特・木恩雅	聖妻哈蒂佳的好友
Nuṣaybah Bint Ka'b (Umm 'Umārah)	努撒衣巴・本特・卡阿伯	女輔士 又稱烏姆・烏瑪拉
Nūḥ	努哈	聖人
Q		
Qāḍī 'Iyāḍ	伊亞德	學者
Qarḍ	嘎爾日	輔士
Qarn aṯ-Ṯa'ālib	嘎爾恩・阿撒・阿力伯	地名

外文譯音	中文譯音	備註
Qatādah	嘎塌答	聖門弟子
Qurṭ	古爾特	聖門弟子
Qudayd	古戴依得	地名
Qurayš	古萊氏	
Quṣayy Ibn Kilāb	古賽・本・科拉伯	麥加人的祖先
Quṭbah Ibn ʻĀmir	古特巴・本・阿密爾	輔士
R		
Rabīʻah Ibn ʻIbād	拉比亞・本・伊巴得	
Rāfiʻ Ibn Mālik Ibn al-Ağlan az-Zuraqī	拉菲依・本・馬力克・本・阿爾・阿巨朗・阿茲匝拉葛依	輔士
Rifāʻah Ibn ʻAbd al-Munḏir	禮發阿・本・阿布德・阿爾・目恩日爾	輔士
Ruqayyah	盧蓋雅	穆聖的女兒
S		
Saʻd Ibn Abī Waqqāṣ	沙阿德・本・阿比・瓦嘎司	聖門弟子
Saʻd Ibn ar-Rabīʻ	沙阿德・本・阿拉比	輔士
Saʻd Ibn Ḫayṯamah	沙阿德・本・海依撒瑪	輔士
Saʻd Ibn Muʻāḏ	沙阿德・本・姆阿司	聖門弟子
Saʻd Ibn ʻUbādah	沙阿德・本・烏巴達	輔士
Ṣafā	撒發	天房附近的山丘
Saqar	殺嘎爾	地獄中的一個階級
Saḥābī /Saḥābah	聖門弟子們	
Sahlah Bint Suhayl Ibn ʻAmr	沙賀拉・本特・舒海爾・本・阿莫爾	聖門女弟子
Saʻīd Ibn Ğubayr	沙意得・本・久拜爾	
Saʻīd Ibn Zayd Ibn ʻAmr Ibn Nufayl	沙意得・本・熱伊得・本・阿莫爾・本・努發易爾	歐瑪爾・本・阿爾・哈塔伯的妹婿
Salman al-Fārisī	薩爾曼・阿爾・法利希	聖門弟子
Samurah Ibn Ğundub	薩牡拉・本・久溫杜布	聖門弟子

外文譯音	中文譯音	備註
Ṣa‘ṣa‘ah Ibn Mu‘āwyah	撒阿撒阿和・本・穆阿維亞	聖門弟子
Sawdah Bint Zam‘ah	沙烏達・本特・祖瑪賀	阿密爾・本・阿比・瓦嘎斯的妻子
Šaddād Ibn Aws	夏達得・本・阿烏司	聖門弟子
Šaybah Ibn Rabī‘ah	沙以巴・本・拉比阿	
Šaymā’	雪瑪	穆聖奶媽的女兒
Šām	夏姆	地區名
Sidrah al-Muntahā		第七層天之上的無極林
Sīrah Aḫlāq	聖行美學	
Ṣuhayb ar-Rūmī	蘇海布・阿爾・盧米	聖門弟子，別名 Abu Yahya
Suhayl Ibn ‘Amr	蘇海爾・本・阿莫爾	聖門弟子
Suhayl Ibn Bayḍā’	蘇海爾・本・貝惹阿	聖門弟子
Sumayyah	蘇瑪亞	聖門弟子
Surāqah Ibn Mālik Ibn Ğu‘šum	蘇拉各・本・馬力克・本・鳩湘姆	聖門弟子
Suwayd Ibn aṣ-Ṣāmit	舒衛德・本・阿斯薩米特	
T		
Ṭalḥah Ibn ‘Ubaydillāh	塔爾哈・本・烏貝伊德伊拉	聖門弟子
Ḏakwān Ibn ‘Abd Qays al-Badrī az-Zuraqī	塔克灣・本・阿布得・嘎依司・阿爾・巴得衣・阿茲祖拉哥依	聖門弟子
Ṯawr	沙沃爾山	穆聖遷徙時所藏匿的山洞就在沙沃爾山上
Ṯuwaybah	舒為薄	阿布・拉賀伯的女奴
U		
Uba	烏巴	地名
‘Ubādah Ibn aṣ-Ṣāmit	歐巴岱・本・阿斯薩米特	輔士
Ubayy Ibn Ka‘b	烏貝依・本・卡阿巴	聖門弟子
Ubayy Ibn Ḫalaf	烏貝依・本・哈拉夫	

外文譯音	中文譯音	備註
‘Ubaydullāh Ibn Ğaḥš	烏貝依都拉・本・賈賀許	聖門弟子
Uḥud	烏胡德	戰役
‘Umar Ibn al-Ḫaṭṭāb	歐瑪爾・本・阿爾・哈塔伯	聖門弟子
Umayyah al-Maḫzūmī	伍麥亞・阿爾・馬賀祖米	古萊氏長老
Umayyah Ibn Ḫalaf	伍麥亞・本・哈拉夫	
Ummah	烏瑪	穆民群體
Umm Ayman Barakah	烏姆・愛曼・巴拉咖	穆聖母親的女僕
Ummah-d-Da‘wah		尚未接受伊斯蘭教邀請的人
Ummah-al- Iğābah		已經接受伊斯蘭教並且宣揚它的人們
Umm Kulṯūm Bint Sahl	烏姆・古爾舒姆・本特・撒賀爾	聖門弟子之妻
Umm Hāni’ Bint Abī Ṭālib	烏姆・哈妮・本特・阿比・塔力伯	阿布・塔力伯的女兒
Umm Kulṯūm	烏姆・庫勒蘇姆	穆聖的女兒
Umm Salamah	烏姆・沙拉瑪	聖門女弟子
Umm Unays	烏姆・烏納依思	
‘Uqbah Ibn Abī Mu‘īṭ	烏各巴・本・阿比・姆宜特	
‘Uqbah Ibn ‘Āmir Ibn Nābī	烏各巴・本・阿密爾・本・那比	輔士
‘Urwah Ibn ‘Utbah	烏爾瓦・本・烏特巴	
‘Urwah Ibn az-Zubayr Ibn al-‘Awwām	烏爾瓦・本・祖貝爾・本・阿爾・阿望	聖訓傳人
Usāmah Ibn Zayd	烏沙瑁・本・宰德	宰德・本・哈力沙之子 又稱阿爾・西伯・本・阿爾・西伯（al-Ḥibb Ibn al-Ḥibb）
Usayd Ibn Ḥuḍayr	烏誰依得・本・忽熱易爾	聖門弟子
Utaybah Ibn Abī Lahab	烏太伊伯・本・阿比・拉賀伯	阿布・拉賀伯之子。穆聖女婿

外文譯音	中文譯音	備註
‘Utbah Ibn Rabī‘ah	烏特巴・本・拉必阿	
‘Utbah Ibn Abī Lahab	烏特巴・本・阿比・拉賀伯	阿布・拉賀伯之子。穆聖女婿
‘Uṯmān Ibn Ṭalḥah Ibn Abī Ṭalḥah	歐斯曼・本・塔爾哈・本・阿比・塔爾哈	聖門弟子
‘Uṯmān Ibn ‘Affān	歐斯曼・本・阿范恩	聖門弟子穆聖女婿
‘Uṯmān Ibn Maẓ‘ūn	歐斯曼・本・馬如恩	聖門弟子
‘Uwaym Ibn Sā‘idah	烏維印・本・撒依達	輔士
‘Uzayr	烏冉也	猶太人所崇拜的聖人或是一位正義之士
W		
Waraqah Ibn Nawfal	瓦剌嘉・本・拿烏非爾	聖妻哈蒂佳的表哥
William Moycr	威廉・謀耶	東方主義學者
Y		
Yaḥyā	雅賀亞	先知
Yamāmah	亞厤厤	
Yassār	亞薩爾	鑄劍師
Yāsir	亞細爾	聖門弟子
Yaṯrib	亞斯利伯	麥地那的舊稱
Yawm al-Bu‘āṯ	阿爾・布阿斯日戰役	戰役
Yazīd Ibn Ṯa‘labah	亞濟德・本・撒拉巴	輔士
Yazīd Ibn Mu‘āwiyah	亞濟德・本・穆阿維亞	
Yūnus Ibn Mattā	尤尼斯・本・馬塔	正義之士
Yūsuf	優素福	先知
Z		
Zaqqūm	贊古木	火獄裡贊古木樹的果子
Zayd Ibn Ḥāriṯah	宰德・本・哈力沙	聖門弟子
Zayd Ibn al-Ḫaṭṭāb	宰德・本・阿爾・哈塔伯	聖門弟子
Zaynab	宰娜卜	穆聖的女兒

外文譯音	中文譯音	備註
Zaynab Bint Ǧaḥš	宰娜卜・本特・甲賀須	聖妻
Zinnīrah ar-Rūmiyyah	仁尼拉・阿爾・如米雅	寫聖人傳記的第一位女弟子
Zuhayr Ibn Abī Umayyah al-Maḫzūmī	祖海爾・本・阿比・伍麥亞・阿爾・馬賀祖米	
Zum'ah Ibn al-Aswad Ibn al-Muṭṭalib Ibn Asad	祖瑪・本・阿爾・阿斯瓦得・本・阿爾・穆塔力伯・本・阿薩德（簡稱祖瑪）	同 Zumá Ibn Al Aswad 祖瑪・本・阿爾・阿斯瓦得
聖訓集		
Ṣaḥīḥ al-Buḫārī	布哈里聖訓集	
Ṣaḥīḥ Muslim	穆司林聖訓集	
Sunan Abū Dawūd	阿布・達晤得聖訓集	
Sunan an-Nasā'ī	安・那沙義聖訓集	
Sunan at-Tirmiḏī	鐵爾密濟聖訓集	
Sunan Ibn Māǧah	本・馬加聖訓集	
al-Musnad	穆斯奈德聖訓集	
《古蘭經》（中譯本）		
*	馬堅譯	
#	馬仲剛譯	
+	仝道章譯	
&	王靜齋譯	
§	馬金鵬譯	
部落（Banū）名		
'Ād	阿德	
'Āmir Ibn Ṣa'ṣa'ah	阿密爾・本・撒阿撒阿	
'Abd ad-Dār (Banī 'Abd ad-Dār)	阿布得・阿答爾	
'Abd al-Ašhal	阿布得・阿爾・阿須哈爾	
'Abd Manāf (Banū 'Abd Manāf)	阿布得・曼那夫	

外文譯音	中文譯音	備註
al-Aws	阿爾・阿烏司	
al-Ḫazraǧ	阿爾・哈茲拉居	
al-Mu'ammil (Banī al-Mu'ammil)	阿爾・姆阿米爾	
al-Qārrah	阿爾・嘎拉賀	
an-Naǧǧār (Banū an-Naǧǧār)	安・那甲爾	
Dihāmah	帝哈瑪	
Ǧaḥš	甲賀須	
Ǧurhum	鳩爾胡	
Ḥāriṯah	哈里薩賀	
Hāšim	哈希姆	
Ḫilāb (Banū Ḫilāb)	賀依拉伯	
Iram	伊賴姆	
Kinānah	其那納	穆聖祖先的部落
Maḫzūm (Banū Maḫzūm)	馬賀祖	
Maḥsu	馬賀蘇	
Mudliǧ	目德立居	
Muṭṭalib	穆塔力伯	
an-Naḏir	安・那日爾	猶太部落
Naǧd	那吉得	
Naǧǧār	那嘉爾	
Qaynuqā‘	嘎伊努嘎	猶太人部落
Qurayẓah	古萊壤	猶太人部落
Sa‘d	沙阿德	
Salamah	沙拉瑪	
Salīm Ibn ‘Awf	沙利姆・本・阿武夫	
Salīmah	沙利瑪	

外文譯音	中文譯音	備註
Umayyah	伍麥亞	
Ẓafr	讓福爾	
Zahrah	惹阿賀拉賀	
	特殊學術用語	
Ahl al-Bayt	穆聖的家人及子孫	
Allāhu Akbar	真主至大	
‘Aqīdah	伊斯蘭信仰學	
aṣ-Ṣiddīq	大賢阿布・巴克爾的美稱《忠誠者》	
at- Tahira	對聖妻哈蒂佳的尊稱，意為「純潔的人」	
Bismillāh	奉至仁至慈真主 ﷻ 之名	
Buraq	天馬	
Ḏikr	心口合一記念真主	
Du‘ā’	都阿以	祈禱文
Fiqh	伊斯蘭教法	
Ğihād	為主道奮鬥	聖戰
Halal	伊斯蘭教法中合法並允許的	
Ḫalīfah	穆斯林的領導人	
Ḫalwah	坐靜	
Ḥarām	伊斯蘭教法中所禁止的	
‘Ilm al-Ğarḥ wa at-Ta‘dīl	稽查學	
in shā’ Allāh	托靠主	
Istiḫārah	抉擇拜	
La ilāha illallāh	萬物非主，唯有安拉	
Laylatul Qadr	蓋德夜	
Mukallaf	責任人	
Muqri’		教授《古蘭經》讀與唸的老師

外文譯音	中文譯音	備註
Qāri’		讀經人
Qiblah)		朝向
Rabī’ al-Awwal		伊曆三月
ṣallā’llāhu ‘alayhi wa-sallam	虔祈安拉賜福予他	
Sharīʿa	伊斯蘭法律	
Šayḫ	學者（意譯）	謝赫（音譯）
Sīrah Aḫlāq	聖行美學	
Širk	為主舉伴的事	

認識伊斯蘭05

聆聽，先知穆罕默德的跫音

一部為穆斯林而寫的先知傳記（二）

Horcht! Die Schritte des Propheten Muhammad

作　　者　麥爾彥・杜艾伊伯（Mariem Dhouib）
翻　　譯　林謂妤
編　　輯　王家軒
校　　對　李國辰、陳佩伶
封面設計　蕭旭芳

企　　劃　蔡慧華
副總編輯　王家軒
社　　長　郭重興
發行人兼出版總監　曾大福
出版發行　八旗文化／遠足文化事業股份有限公司
地　　址　新北市新店區民權路108-2號9樓
電　　話　02-22181417
傳　　真　02-86671065
客服專線　0800-221029
信　　箱　gusa0601@gmail.com
Facebook　facebook.com/gusapublishing
Blog　gusapublishing.blogspot.com
法律顧問　華洋法律事務所／蘇文生律師

印　　刷　前進彩藝有限公司
定　　價　850元
初版一刷　2022年（民111）6月
ISBN　978-626-7129-29-6　978-626-7129-34-0 (EPUB)　978-626-7129-35-7 (PDF)

國家圖書館出版品預行編目（CIP）資料

聆聽，先知穆罕默德的跫音：一部為穆斯林而寫的先知傳記／麥爾彥・杜艾伊伯（Mariem Dhouib）著；林謂妤譯. -- 一版. -- 新北市：八旗文化出版：遠足文化事業股份有限公司發行, 民111.05
　面；　公分. --（認識伊斯蘭；5）
譯自：Horcht! Die Schritte des Propheten Muhammad.
ISBN 978-626-7129-29-6（平裝）

1.CST: 穆罕默德 (Muhammad, 570-632)　2.CST: 傳記　3.CST: 伊斯蘭教

259.1　111006826